떨지 않고 말하는
스피치 백신

나는 이렇게
발표불안을 탈출했다

떨지 않고 말하는
스피치 백신

나는 이렇게
발표불안을 탈출했다

유주영 지음

Prologue

사람은 누구나 말 못할 고민을 하나쯤 가지고 있다.

내겐 발표불안이 그것이었다. 20년이라는 긴 세월 동안 끈질기게 나를 따라다닌 주홍글씨와도 같은 지울 수 없는 낙인이었고, 아무리 노력해도 벗어날 수 없었던 족쇄였다. 발표를 해야 할 때마다 불안과 공포에 떨면서 늘 싸움에 졌고, 평생 해결할 수 없는 숙제처럼 느껴졌다.

발표를 앞두고 있을 때는 늘 불안감에 가슴이 옥죄었고, 몸살이 온 것처럼 온몸이 쑤시고 아팠다. 일요일 저녁 가족들과 빙 둘러앉아 코미디 프로를 볼 때도 나는 마음 놓고 웃을 수 없었다.

내일 학교에서 선생님이 발표를 시키면 어떡하지? 학교에 다니는 동안에는 늘 이런 불안에 떨었다. 그렇게 발표불안은 나의 평범한 일상을 망가트리고 행복을 빼앗아 갔으며, 죄를 지은 것도 아닌데 내 마음은 곪고 곪아서 썩어 문드러져만 갔다. 그건 아무에게도 털어놓지 못한 악몽 같은 시간들이었다.

내 학창시절은 즐거운 기억이 거의 없다. 인생에서 지우고만 싶은 NG 컷들의 연속이었다. 남들 앞에서 말을 해야 하는 상황이 생길 때마다 온갖 핑계를 대며 도망쳤다. 발표불안은 피하고 도망치려고만 하는 빚쟁이처럼 나를 움츠러들게 하였으며, 그래서 사람들 앞에 나서서 말을 해야 하는 상황으로부터 벗어나기 위해 애쓰는 동안 활달했던 성격도 점점 소심하게 변해갔다.

학창시절 친구들의 기억 속에 나는 조용하고 얌전한 아이였다. 나는 덜덜 떠는 모습을 사람들에게 보여주기 싫어 나의 취향과 색깔을 버린 채 지냈고, 내가 무엇을 좋아하는지도 모른 채 동굴 속에 숨어 웅크리고 살았다.

사람들에게 내가 가지고 있는 발표불안에 대해 이야기를 하면, 그들은 대개 그게 무슨 큰일이냐면서 대수롭지 않게 여긴다. 하지만 그건 누구에게도 차마 풀어놓을 수 없었던 가슴 아픈 이야기다. 그런 고통에 대해 겪어보지 않은 사람은 가늠조차 못할 것이다.

덜덜 떨면서 발표하는 시간이 지나가고 나면 나는 자괴감에 빠져 남몰래 눈물도 많이 훔쳤다. 이런 고민은 부모님에게조차도 털어놓지 못했는데, 나는 지금껏 살아오는 동안 발표불안이 부끄럽고 잘못된 일인 줄만 알았다. 약한 정신력을 탓하거나 자신의 무능력함을 자책했다. 그리고 남들이 조금이라도 알아차릴까 봐 늘 숨기기에 바빴다.

중학교 2학년 때부터 시작된 발표불안은 학창시절 내내 꼬리표처럼 나를 따라다녔다. 성격은 점점 더 소심해졌고, 어쩔 수 없이 발표를 해야 하는 상황 뒤에는 못난 자신을 깎아내리는 데 온 생각이 쏠렸다.

학창시절에는 부모님께 울면서 전학을 시켜달라며 떼를 쓰기도 했고, 직장생활을 하면서는 사표를 내는 것까지 고민했다. 내 유일한 선택은 대중 앞에 나서야 할 기회가 있으면 최대한 피하고 도망칠 길을 찾는 것이었다.

20년 동안 발표불안을 피해 도망치다가 어느 순간 이런 내 모습을 바꾸고 싶었다. 더이상 도망만 치면서 살 수는 없다고 생각했다. 그래, 누가 이기는지 해보자. 할 수 있는 모든 것을 다 해보겠다며 맞장을 뜨기로 결심했다.

그리고 내가 할 수 있는 모든 것을 하나씩 해보기로 했다.

스피치를 시작한 지 어느덧 4년이 흘렀다. 그리고 지금 나는 스피치강사가 되었다. 발표불안을 극복한 스피치 강사! 이제는 발표불안을 가진 사람들에게 말하는 즐거움을 알리고 싶다. 지옥 같았던 발표불안의 공포와 싸우고 있는 많은 사람들에게 조금이나마 이 책이 희망을 주고 도움이 되었으면 좋겠다.

정말 잘하고 싶은 일이 있다면 방법은 간단하다. 사랑에 빠지면 된다. 수학 점수를 올리고 싶으면 수학 과목을 좋아하면 되고, 수영을 잘하고 싶으면 수영 선생님을 좋아하든지 아니면 수영에 흥미를 가지려고 노력하면 된다. 그리고 스피치를 잘 하고 싶으면 스피치와 사랑에 빠지면 된다.

스피치와 사랑에 빠진 이후로 떨지 말아야 한다는 강박에서 조금씩 자유로워졌다. 자연스럽게 스피치를 즐기게 되었다. 내 명함에는 스피치강사라는 글자가 찍혀 있다.

그래도 여전히 사람들 앞에 서면 두렵고 긴장된다. 스피치 경험이 많은 강사라고 해서 늘 평정심을 유지하며 말할 수 있는 것은 아니다. 다만 달라진 것이 하나 있다면, 이런 떨리는 감정도 즐거움으로 여길 수 있는 여유를 가지게 되었다는 것이다.

오늘도 말하는 것이 즐겁다. 사람들 앞에 서는 것이 즐겁다.

나는 스피치와 사랑에 빠졌기 때문이다.

_ 2020년 7월에 유주영

Contents

Chapter. 1

트라우마의 시작

발표불안에 빠진 국사 시간

20년 동안 도망치기만 해왔던 발표불안과 맞장을 떠보자고 결심했을 때, 제일 먼저 해야 했던 일은 원인을 분석하는 것이었다. 그전까지는 "발표불안"이라는 말조차 입에 담기 싫었다. 그냥 인정하기도 싫었고, 알고 싶지도 않았다. 언제부터 그랬는지, 왜 그랬는지 진지하게 생각해본 적도 없었다.

초등학교 때는 부끄러움이라곤 1도 찾아볼 수 없는 왈가닥이었다. 그런데 무엇이 나를 바꾸어 놓았을까? 소풍을 가서 장기자랑 시간이 되면 학급 대표로 앞에 나가 노래를 부르고, 상도 많이 받았다. 장기자랑을 하는 시간이 되면 당연하다는 듯 담임선생님은 나를 지목했고, 나는 당당하고 뻔뻔한 얼굴로 노래를 불렀다. 하도 많이 부르다 보니 주현미의 "신사동 그 사람"을 초등학교 2학년 때 이미 18번으로 외우고 있었다. 누가 시킨 것도 아닌데, 트로트를 선곡하는 센스는 지금 생각해도 정말 대단했던 것 같다.

나는 어릴 때부터 목소리가 좋다는 말을 많이 들었다. 음정 박자는 비록 엉망일지언정 친구들 앞에 나가서 노래를 부르고 춤추는 것은 언제나 즐거운 일이었다.

그랬던 내가 대체 언제부터 발표불안을 갖게 되었던 것일까? 이렇게 활발한 성격을 가지고 있던 내가 왜, 무슨 연유로 사람들 앞에 나서면 말도 못 하는 바보 멍청이가 되어버린 걸까?

중학교에 올라가면서 나는 급격하게 내성적인 성격으로 바뀌었다. 사춘기를 겪으면서 외모 콤플렉스도 생기고, 말수도 적어졌다. 부모님과 선생님에게 하고 싶은 말이 있어도 입을 열지 않았다. 생각을 숨기고 말을 아끼면 친구들 사이에서도 뭔가 있어 보이고 신비로워 보인다고 생각했다.

내가 중학생이었던 그 시절엔 공부를 잘하는 아이보다 예쁘고 성격 좋은 친구들이 인기도 좋았다. 한마디로 나는 인기가 전혀 없었다. 나는 키도 작고 코도 낮고 쌍꺼풀도 없었다. 살이 찌고 여드름도 생기면서 거울이 보기 싫을 정도로 더 외모에 자신이 없어졌다. 한 번도 거울을 보지 않은 날이 많았다.

초등학교 때는 선생님들에게 예쁨도 받고 친구들 사이에서도 인기가 있는 편이었는데, 이제 나는 점점 반에서도 존재감이 없어졌다. 한창 인기를 얻다가 슬럼프에 빠진 연예인이 된 기분이었다.

사람들은 더 이상 나를 주목하지 않았다. 그리고 주목받는 것 또한 싫었다. 하지만 한편으로는 친구들 사이에서 인기가 없어지는 게 점점 불안하기도 했다. 사춘기 때는 그냥 다 싫고 불안했던 것 같다. 그런 시기를 지나면서 자존감은 더 떨어지고 더 소심한 성격으로 변하게 되었던 것이다.

나는 전교생이 100명도 안 되는 시골에서 자랐다. 유치원부터 중학교 때까지 친구들은 같은 반에서 함께 공부했다. 중학교 동창 대부분이 십년지기이고 서로에 대해 속속들이 알고 있었다. 부모님도 우리 반 친구들 이름을 다 알고 계셨다.

학교에서는 조금만 노력해도 쉽게 우등생이 될 수 있었다. 칭찬은 고래도 춤추게 한다고 했던가! 나는 어릴 때 부모님이나 선생님으로부터 칭찬을 받으러 학교를 다녔던 것 같다. 성적표가 나오는 날이면 학교에서 집까지 헐레벌떡 뛰어갔다. 부모님은 평소 굉장히 무뚝뚝한 성품이었으나 성적표를 보시고는 한없이 좋아하셨다. 이런 부모님을 기쁘게 해 드리기 위해 더 열심히 공부했다. 평소 감정 표현에 인색한 부모님으로부터 칭찬을 받으면 말로 표현 못할 정도로 행복했다.

중학교 2학년 때 담임선생님은 국사를 가르치셨다. 선생님께서는 젊었을 때 배구를 하셨다는데, 키도 크고 말씀도 재미있게 하셔서 학생들에게 인기가 많았다. 무심하게 던지는 한마디에도 품위가 있었고, 위트와 인자함이 넘쳤다. 홍율표 선생님, 나는 아직도 선생님 이름을 기억한다.

내가 성인이 되어 사회생활을 막 시작했을 때, 선생님이 내가 보고 싶다며 친구를 통해 연락을 하셨던 적이 있다. 아랫집에 살던 내 단짝 친구도 선생님을 아주 좋아했는데, 주영이가 보고 싶다면서 그 친구에게 연락이 왔다고 한다. 친구는 선생님으로부터 연락을 받고 기쁘면서도 한편으로 질투가 났다고 했다. 내 기억 속에서 선생님은 나를 아주 예뻐해 주셨다.

어느 봄날, 스승의 날 즈음에 친구와 넥타이를 사서 선생님을 뵈러 갔다. 성인이 되어서 만난 선생님은 더욱더 멋지게 변해 계셨다. 그리고 반가움과 함께 아픈 기억도 떠올랐다.

중학교 2학년 여름, 국사수업 시간이었다. 나는 잘한다는 칭찬 한마디가 듣고 싶어 늘 귀가 간질간질했다. 선생님은 앞줄부터 차례차례 책 읽기를 시키셨다. 내 차례가 다가올수록 "잘 해야지. 잘 해야 해." 이런 마음이 생겼다.

그리고는 갑자기 무슨 바람이 불었는지 앞에 앉은 친구보다 더 잘하고 싶다는 욕심이 생겼다. 적당한 어조, 적당한 빠르기로 마치 9시 뉴스 아나운서처럼 토씨 하나 틀리지 않고 정확한 발음으로 낭독하고 싶었다.

하지만 친구보다 멋지게 읽어서 칭찬을 받고 싶다는 욕심 탓이었을까? 책을 읽다가 갑자기 발음이 꼬였고, 그러자 갑자기 가슴이 뛰고 목소리가 떨리기 시작했다. 마치 양 한 마리가 책을 읽기라도 하는 것처럼 내 의지와는 상관없이 목소리가 높아졌다 낮아졌다 통제가 되지 않았다. 얼굴은 홍시처럼 빨개졌고, 손을 가져다 대지 않아도 화끈거리는 열기를 느낄 수 있었다.

그러자 호흡도 가빠졌다. 나는 마치 100미터 달리기를 막 끝내고 인터뷰하는 육상선수처럼 헐떡거리고 있었다. 책을 들고 있던 손이, 일어서 있던 내 두 다리가 덜덜덜, 떨렸다.

이런 내 모습을 보고 친구들이 수군거렸다. 그리고 일제히 조용해졌다. 떠들고 잡담을 하던 친구들도 하던 일을 멈추고 나를 쳐다보았다. 반 친구들의 모든 눈동자가 나에게 쏠렸다. 쥐구멍에라도 숨고 싶었다. 그냥 아이스크림처럼 녹아서 증발해버리고 싶었다.

그때부터였다. 그날 이후 나에게 발표불안이라는 무시무시한 녀석이 찾아왔던 것이다.

발표불안은 내 인생의 아주 중요한 순간마다 "나 여기 있소!" 하면서 자신의 존재를 알렸다. 평소에는 밝고 활달했지만, 남들 앞에 나서서 말을 해야 할 때는 더 이상 웃을 수 없었다. 중고등학교 때는 수업시간마다 책 읽기를 시킬까봐 초긴장 모드에 들어갔다. 오늘이 며칠인지 체크한 다음 내 번호와 같은 날이면 아침에 학교도 가기가 싫었다. 밥도 맛이 없고 하루 종일 우울했다.

고등학교만 졸업하면 끝일 것이라고 생각했다. 대학교에서는 책을 낭독하거나 수행평가로 발표를 할 일은 없을 테니 안심해도 될 것 같았다. 처음에는 손톱만한 상처였지만 성인이 되고 사회생활을 하게 되면서 커다란 바윗덩어리로 몸집이 커져 있었다.

중학교 2학년 국사 시간은 내가 발표불안에 빠지게 된 트리거가 되었다. 나는 일어나서 책을 읽거나 발표하는 게 너무나도 싫고 무서워서 선생님도 피하게 되었다. 성인이 되었을 때 어렵게 수소문해서 내 연락처를 알아내신 선생님이 꼭 연락을 달라고 했지만 차마 한동안은 연락을 드리지 않았던 것도 그 때문이었다. 그 중학교 2학년 국사 시간에서 내 마음의 시계는 멈춰버렸다.

타임머신이 있다면 그날로 다시 돌아가 너무 잘하려고 하지 않고 그냥 편하게 글을 천천히 읽고 싶다. 다른 친구들처럼.

스피치 동호회에 가입해 자기소개를 하게 되면 사람들은 자신이 언제부터 사람들 앞에서 말하는 게 어려워졌는지 고해성사하듯이 밝힌다.

거의 80% 이상이 수업시간에 책을 읽다가 발표불안이 생겼다고 했다. 책을 못 읽는다고 매를 들지도 않을 텐데, 아마 학창시절의 나처럼 잘하고 싶은 마음이 불러온 마음의 병이리라. 그리고 스스로의 덫에 갇혔겠지. 자기소개를 듣고 있자면, 어느새 하나둘씩 "저도 그랬어요." 하면서 여기저기서 동병상련의 마음과 안타까움을 쏟아낸다. 그럴 때마다 나는 같은 고민을 하는 사람들이 많다는 것에서 위안을 받곤 했다.

하버드대학에서 실시한 연구에서 사람들 중 97.8%, 거의 98%는 대중 앞에서 말할 때 부담스럽고 떨린다고 한다. 나만 떨리고 불안한 줄 알았는데, 이렇게나 많은 사람이 나와 같은 고민을 가지고 있다니 놀라웠다. 다만 대부분의 사람은 떨리는 것에 대해 크게 티를 내거나 드러내지 않았을 뿐이었던 것이다.

사람들은 흔히 두려움을 피해야 할 대상으로 생각하기 쉽다. 아이러니하지만 사람은 두려움 속으로 들어갔을 때 기쁨도 느끼도록 설계되었다. 롤러코스터를 타고, 공포영화를 보고, 새로운 곳을 여행할 때 우리는 두려움과 함께 즐거움을 느낀다.

두렵고 떨리는 감정은 인간이 가지고 있는 아주 자연스러운 현상인데, 나는 피하려고만 했다. 우울하고, 짜증나고, 기쁘고, 슬픈 것은 그냥 감정의 종류일 뿐이고, 좋은 것 나쁜 것으로 이분화할 수 있는 것이 아닌데도 그랬다.

스피치를 시작하고 나서야 알았다. 불안은 없애려고 할 것이 아니라 인정하고 다스려야 할 문제라는 것을.

나는 강사가 된 지금도 사람들 앞에서 이야기를 하려고 하면 떨린다. 하지만 금방 편안해진다. 사람들 앞에서 말을 하는 게 즐겁고, 말을 하고 싶다. 예전의 나처럼 대중 앞에서 이야기하는 게 어려워 힘들어 하는 사람들이 있다면 이야기해 주고 싶다. 내가 했으면 당신도 할 수 있다고! 도전의 반대말은 실패가 아니다. 바로 도전을 멈추는 것이다. 나는 발표불안을 고치기 위해 내가 할 수 있는 모든 것을 다 하기로 했다.

국민 MC 유재석 씨는 20대 초반 극심한 무대공포증을 가지고 있었다고 한다. "연예가중계" 리포터 시절 카메라 앞에 서면 긴장을 많이 해서 말을 더듬는 실수를 반복했다고. 하지만 그는 카메라 울렁증을 멋지게 극복해서 국민 MC라는 말을 들으며 많은 사람들로부터 사랑을 받고 있다.

대부분의 사람들은 유재석은 연예인이니까 그렇지, 라고 생각할 수도 있다. 그렇다면 나를 보라. 나와 같은 평범한 사람이, 아이 둘 딸린 대한민국 아줌마가, 20년 동안 고치지 못했던 발표불안을 이겨내고 스피치 강사가 되었다.

내가 찾아낸 열쇠는 멀리 있지 않았다. 바로 내 안에 있었다. 문제를 풀 수 있는 열쇠는 바로 여러분 안에 있다. 그 열쇠를 꺼내 자물쇠를 열고, 그동안 고통을 견뎌왔던 자신만의 감옥에서 탈출하기를 바란다.

스피치는 단순한 말하기가 아니다. 스피치의 다른 이름은 자존감 회복이며, 삶의 활력소이다. 여러분도 나처럼 사람들 앞에서 이야기를 하며 공감을 나누는 일이 얼마나 즐거운 것인지 느껴보기를 바란다.

두려움의 대상이 즐거움으로 바뀌면 인생이 달라진다. 내가 했던 방법들을 참고해 나름대로 실천함으로써 지긋지긋한 발표불안에서 자유로워질 수 있다. 꼭 그렇게 해보기를 바란다.

초등학생 시절엔 발표왕이었는데…

나는 1남 2녀 중 둘째로 태어났다. 부모님은 농사일로 늘 바쁘셨고 늘 피곤하셨던 터라 자식들에게 살갑게 신경을 써 주기 어려웠다. 나는 둘째라서 더 부모님의 관심에 목이 말랐다.

누가 둘째는 사회성이 좋다고 했던가! 사회성은 그냥 길러지는 것이 아니다. 둘째는 첫째나 막내보다 위치상 부모님의 관심을 덜 받을 수밖에 없다. 나는 부모님의 관심을 끌려면 학교 행사에서 상을 타거나 우수한 성적을 받는 것이라고 생각했다. 특히 호랑이처럼 자식들에게 엄했던 아버지로부터 칭찬을 받기라도 하면 세상을 다 가진 기분이 들었다.

초등학교 시절의 나는 늘 다른 사람의 사랑을 받기 위해 무진장 애를 쓰는 아이였다. 선생님, 친구들, 부모님…. 그러다가 조금이라도 관심을 받지 못한다는 생각이 들면 무척 속이 상하고 우울해졌다. 내가 뭘 잘못했나? 내 잘못이 아닌 일도 내 탓으로 돌릴 때가 많았고 더욱 더 관심받기 위해 노력하는 쪽을 택했다. 남들이 좋아하는 행동을 하고, 말을 했다. 내 취향이 뭔지 헷갈릴 때도 있었다. 내가 무얼 좋아하는지, 무얼 원하는지보다 내가 어떻게 하면 남들이 나를 좋아할까를 연구했다. 바로 이런 생각들이 훗날 나에게 발표불안을 툭! 안겨주었다. 적당히 노력하고 적당히 잘해도 괜찮은데, 나는 뭐든 열심히 해야 마음이 편했다.

초등학교에서 집까지는 편도 2킬로미터 정도 거리였다. 요즘이라면 7살짜리 유치원생 꼬마가 어른 없이 40분이 넘는 거리를 혼자 걸어서 하교를 하는 걸 상상하기 어려울 것이다. 하지만 부모님은 농사일로 바빠서 나를 데리러 올 수가 없었고, 언니가 수업을 마치려면 2시간을 더 기다려야 했다.

나의 유년기 하굣길은 자연과 혼연일체로 섞여 놀고 사색을 즐기는 시간이 되었다. 집으로 가는 길에는 늘 이름 없는 야생초며 야생화들이 계절의 흐름에 맞춰 흐드러져 피었고, 계절마다 자연이 주는 흙냄새도 바닷물의 색깔도 다채로웠다. 노을이 지는 저녁 어스름이면 반짝이는 바닷물 사이로 숭어가 솟구치는 장면도 심심치 않게 볼 수 있었고, 민물과 바닷물이 만나는 곳에서 놀고 있는 송사리를 비롯한 새우, 게들을 관찰하는 시간들로 채워지기도 했다. 그러다보니 집으로 돌아오는 길은 늘 학교에 갈 때보다 평균 2배 이상은 더 걸렸다. 집에 늦게 온다고 해서 뭐라고 하는 사람도 없었다. 거짓말 같지만, 초등학교 시절 대부분을 부모님 세대처럼 노란 배추꽃을 따먹고, 뱀딸기를 따먹으며 들판에서 원 없이 뛰어놀며 보냈으니 학원을 뱅글뱅글 돌며 하루는 보내는 요즘 아이들에게 미안할 정도로 자유롭고 행복했다.

학년이 올라가면서 학교에서 보내는 시간이 많아졌다. 7시에 오는 막차를 타려면 3~4시간 정도를 학교 운동장에서 시간을 보내야 했다. 요즘은 스마트폰이 있어서 이런 기다림의 시간이 지루하지도 않겠지만 그 시절에는 놀거리가 별로 없었다. 어쩌다 학교 근처 선생님 사택에서 밥을 얻어먹기도 하고 도서관에서 책을 읽기도 했다. 그래도 초등학교 생활은 마냥 신나고 행복했다.

4학년 때 처음 웅변을 배웠다. 워낙 시골이라서 학교 근처에는 그 흔한 학원조차도 없었다. 담임선생님과 원고를 쓰고 수정했다. 워낙 전교생 수가 적어서 교내 글짓기대회는 제출만 해도 상을 탈 정도였으나 웅변 원고는 이전의 글쓰기와 조금 달랐다. 어렵게 쓴 원고에 맞춰 선생님이 알려주는 제스처와 표정을 연습했다. 친구들이 집으로 돌아가고 난 후에 선생님과 남아서 열심히 연습했다. 내가 진짜 잘하는 것인지 어쩐지도 모르고 선생님이 가르쳐 주시는 대로 그저 열심히 따라갔다. 줄도 긋고 동그라미도 치고, 원고지가 너덜너덜해질 정도로 연습했다. 선생님의 잘한다는 칭찬은 확실한 동기부여가 되었다.

웅변대회 날이었다. 교단 왼쪽 아래에 교감선생님, 교장선생님이 서 계셨다. 항상 연단 아래에서 올려다 보기만 하다가 반대 상황에 놓이니 기분이 묘했다. 처음 하는 경험이어서 떨릴 만도 했건만 이상하게 떨린다는 감정이 무엇인지도 몰랐다. 가슴속에서 뜨끈한 김이 피어나는 느낌만 들었다.

호명을 받고 연단에 서서 나는 마치 슈퍼히어로가 된 듯한 힘을 느꼈다. 모든 사람이 일제히 나를 바라보는 느낌이 좋았다. 선생님께 배운 대로 원고지를 한 장씩 한 장씩 넘기며 내 차례를 마쳤다. 말의 강약, 강조하기, 한 템포 쉬어 주기…. 나는 배운 대로 차근차근 해냈다. 손에 원고가 들려 있었지만 나는 한 문장도 보지 않았다. 머릿속에 다 외우고 있었다. 거의 완벽한 것 같았다. 사람들 앞에서 이야기하는 즐거움을 처음 알았다. 모두에게 주목받는 느낌이 이렇게 뿌듯하고 좋은 것이구나. 전교생이 손뼉을 쳤고, 나는 그 대회에서 우수상을 받았다.

그 다음 해에도 나는 웅변대회에 나가고, 그 다음 해에도 웅변대회에 나가 상을 받았다. 나 말고는 나갈 만한 사람이 없다는 자만심으로 가득했다. 그것은 분명 자신감이 아니라 자만심이었다. 스스로 우월하다고 착각했다. 작은 시골학교에서 잘해봤자 도토리 키 재기 수준이었지만, 특별한 존재가 된 것만 같았다. 친구들도 대단하다며 엄지를 치켜세웠다. 상장을 받은 날은 빨리 집에 가서 부모님께 자랑하고 싶어 안달이 났다.

나는 초등학교 때 학급위원이었다. 6년 동안 딱 한 번 빼고 학급위원을 했다. 학급위원 다섯 명이 돌아가면서 반장을 했는데, 반에서 회의를 진행하거나 수업을 시작하기 전에 선생님께 인사를 할 때 리드하는 게 임무였다. 물론 사회를 보면서 회의를 진행할 때도 떨리는 감정이 무엇인지 생각해본 적 없었다. 그냥 나는 잘했고 그런 것은 전혀 고민의 대상이 아니었다.

나는 평소 궁금한 것이 생기면 바로바로 질문을 하는 쪽이었다. 질문을 하면 선생님들이 나를 흐뭇하게 바라보시며 고개를 끄덕였고, 그게 좋았다. 선생님의 그런 표정들을 보기 위해 더 많은 질문을 했다. 질문 내용은 중요치 않았다. 질문하는 자체를 선생님이 좋아한다는 것을 나는 알고 있었다. 수업시간마다 손을 들었고, 선생님은 다른 아이들을 휙 둘러보다가 마땅한 사람이 없으면 나에게 발표를 시켰다. 다른 친구들에게도 기회를 주려고 했으나 눈을 마주치려는 학생이 없었기 때문이다.

수업시간에 일어나서 책을 낭독하는 일도 언제나 즐거운 일이었다. 국어시간이면 선생님은 교실을 좌우로 둘러보며 "누가 읽어볼까?" 하고 우리들 얼굴을 둘러보시곤 하시는데, 그때마다 나는 마음속으로 "저요. 저요! 제발 제 이름 좀 불러주세요." 하고 소리치곤 했다.

나는 키가 작아 늘 맨 앞에 앉았다. 결국 앞줄에 앉은 사람부터 한 사람씩 일어서서 한 문단씩 큰소리로 읽게 되었는데, 내가 책 읽기를 마치고 나면 선생님도 칭찬을 해 주셨다.

"주영이는 목소리가 아주 좋아. 아나운서 해도 되겠다."

뉴스에서 보던 아나운서 같다니. 정말 기분 좋은 칭찬이었다. 내가 생각해도 내가 제일 잘 하는 것 같았다. 더 잘 읽고 싶어졌다. 내 뒷자리 친구보다, 그 뒷자리 친구보다도 더 잘하고 싶어졌다.

졸업식 날에도 학생 대표로 송사를 낭독했다. 학교 행사에서 내가 앞으로 나가는 게 너무나 당연하다고 생각했다. 학생들을 가로질러 강단 위에 올라가는 길은 늘 기분이 좋았다. 자연스럽게 어깨가 쭉 펴졌다.

선생님은 두꺼운 남색 벨벳 표지를 하나 주셨다. 내가 읽을 송사는 금박의 그림들 사이에 아주 예쁜 궁서체로 쓰여 있었다.

나는 천천히 또박또박 읽어 나갔다. 약간 목이 메었다. 약간 실수를 했나 싶었는데, 큰 박수가 이어졌다. 사람들은 내가 졸업을 하는 게 슬퍼서 목이 메인 거라고 생각했다. 목소리가 잠겨서 버벅거린 것에도 박수를 쳐 주다니…. 졸업식이라는, 이별을 슬퍼하는 분위기로 인해 사람들은 내가 슬픈 감정을 표현한 것으로 생각했다.

나는 사람들 앞에 나가 낭독을 하는 데 소질이 있는 게 분명했다. 많은 사람 앞에서 주목받는 것은 언제나 즐거운 일이었다.

나를 미치게 하는 발표시간들

사자가 사자라고 불리기 전에, 난생 처음으로 이 미지의 짐승과 마주친 사람들은 엄청난 공포를 느꼈다. 이 무시무시한 맹수는 날카로운 이빨과 커다란 앞발을 가지고 자기보다 덩치가 훨씬 큰 다른 동물들을 잡아먹었다. 한참 뒤에야 사람들은 무성한 노란 갈기를 가진 이 녀석을 "사자"라고 부르기 시작했다. 그리고 "사자"라는 이름이 붙여지게 된 이후로 그 미지의 맹수에 대한 사람들의 공포는 오히려 줄어들게 되었다.

나는 처음에 사람들 앞에 설 때마다 느끼는 이 공포심이 무엇인지 몰랐다. 머리가 하얘지고 심장이 쿵쾅거리다 못해 터져버릴 것 같은 기분, 그리고 그 악몽 같은 시간 뒤에 오는 수치심. 대체 이 증상이 무엇인지, 왜 이런 것인지, 왜 나에게만 이런 현상이 자꾸 나타나는지…. 사람들 앞에 설 때마다 이 원인 모를 떨림 때문에 괴로웠다. 마냥 두렵고 피하고만 싶었다. 한참 뒤에 성인이 되고 나서야 이런 증상이 "무대공포증" 혹은 "발표불안"이라는 것을 알게 되었다. 물론 내가 느끼고 있는 증상이 어떤 것인지 알게 되었다고 해서 특별히 달라진 건 없었다. 단지 나에게만 있는 증상이 아니라 다른 사람들도 이런 증상을 가지고 있는 경우가 많다는 점에 조금이나마 위안을 얻었을 뿐이었다.

내 인생 중에서 제일 부끄럽고 도망가고 싶었던 날이 있었다. 1999년, 바로 고등학교 1학년 때였다. 그해 우리나라 교과 과정이 전면적으로 개편되었는데, 당시 교육부장관이었던 이해찬 씨는 고등학교 야간자율학습을 없애고, 시험 대신 수행평가로 학생들의 성적을 대신하는 교육정책을 시행했다. 지금 생각해도 상당히 진보적이고 획기적인 개혁이지만 단지 슬펐던 건 그 우수한 정책에 맞출 수 없었던 나의 현실이었다.

수행평가는 학생들끼리 조별 토론을 한 후 발표를 하거나, 팀을 짜서 과제를 제출하는 식으로 점수를 매겼다. 내가 다닌 고등학교는 남녀공학이었는데, 나는 남자친구들과는 거의 말을 섞지 않고 지냈었다. 성인이 되어 사회에 나온 뒤로 우연히 고등학교 동창들을 만났을 때 나를 기억도 못하는 사람들이 많았을 정도로 나는 반에서 존재감이 없는 조용한 학생이었다. 거기에 예체능이라면 죽어라 못했고, 그중에서도 음악은 정말 최악이었다. 음치인 엄마의 유전자 탓인지 아니면 무대공포증 탓인지 몰라도 남들 앞에서 노래를 부르는 게 너무너무 싫었다.

그러던 어느 날 음악 수행평가를 한다는 청천벽력 같은 이야기를 들었다. 혼자서 부를 때도 음정 박자 다 틀리는데, 50명이 넘는 친구들 앞에서 노래를 하다니. 이건 분명 나를 수치심에 빠뜨리기 위한 음모 혹은 형벌처럼 느껴졌다. 시험이 다가올수록 하루하루 피가 마르다 못해 삶의 의욕도 사라져 갔다.

　음악선생님은 〈비목〉이라는 가곡을 불러서 상대평가를 할 예정이라고 했다. 수행평가 2주 전부터 나는 이미 우울증 환자였다. 세상 다 살기라도 한 사람처럼 하루하루가 우울하고 초조했다. 사형선고를 받고 기다리는 죄수처럼 날짜가 다가올수록 불안해서 미칠 것 같았다. 그래도 그대로 넋을 놓고 있을 수만은 없었다. 비목을 노래방에서 부르는 사람을 보았는가? 바로 나였다. 노래방까지 가서 가곡 연습도 하고, 할머니 앞에서 마치 수행평가 시간인 것처럼 노래도 불러보았다. 차라리 앞에 나가 노래를 부르는 대신 최하 점수를 준다면 아주 감사하게 그렇게 하고 싶었다.

　53명 중에 나는 52번이었다. 반 친구들이 수행평가를 치르는 모습을 차례로 지켜보았다. 내 순서가 가까워 올수록 심장이 쿵쾅거리고 식은땀이 흘렀다. 드디어 내 차례가 되었다. 자리에서 일어서자 현기증이 일었다. 이대로 기절하면 좋으련만! 교탁으로 비척비척 걸어가는 내 모습은 마치 영혼 없는 로봇 같았다. 아니 도살장으로 끌려가는 소가 맞겠다.

　신은 잔인하게도, 친하게 지내지도 않던 남자애들이 지켜보는 앞에서 대망신을 주었다. 내 몸 어느 한 구석도 빠지지 않고 사시나무처럼 떨렸다. 내가 할 수 있는 최선을 다했지만 음악 선생님은 그렇게 생각하지 않았다. 선생님은 내가 건성으로 시험에 임한다고 생각했는지 약간 화가 난 것처럼 보였다. 60점 만점에 52점을 받았다. 대부분의 친구들이 55점에서 60점 사이를 받았고, 나는 꼴찌였다.

시간이 흐른 후 대학생이 되었을 때 노래방에서 혼자 〈비목〉을 불러보았다. 여전히 음치였지만 90점은 넘었다. 내 노래를 후하게 평가하는 노래방 기계였다. 비록 점수는 높게 나왔지만, 그렇다고 그때의 내 아픔을 씻어 내지는 못했다.

지금도 반 아이들 앞에서 노래를 부르던 키 작은 여자애를 생각하면 가슴이 아프다. 그때로 돌아간다면 잘 하지는 못해도, 실수해도 괜찮다고 나에게 이야기해 주고 싶다.

"이거 정말 심각한데? 병원에라도 가야 하는 건 아니야?"라고 진지하게 생각했던 건 대학교 입학면접이었다. 나는 비록 발표불안은 있었지만, 학교 성적은 나쁘지 않았다. 교대를 목표로 공부를 했으나 마음처럼 되지 않았다. 초등학교 학생들 앞에서 덜덜떠는 선생님은 생각만 해도 끔찍했다. 운 좋게 교대를 갔다고 해도 스스로 견디지 못하고 선생님의 꿈을 접었을지도 모르겠다. 초등학교 선생님은 아니더라도 장애아들을 가르치는 선생님은 어떨까? 같이 교대를 준비하던 친구가 특수교육학과에 지원해보자고 했다. 그해에 김해 인제대에 특수교육학과가 새로 생겼는데 앞으로 비전이 좋다고 했다. 다른 대학교 특수교육학과는 경쟁률이 아주 높은데, 인제대는 이번에 새로 생겨서 지원자들이 적을 것이라는 예상을 했다. 하지만 웬걸, 근처 학교 중에 제일 치열한 32대 1의 경쟁률이었다.

많은 학생을 탈락시켜야 하는 만큼 면접도 아주 치열하게 진행되었다. 면접은 내가 아주 심각한 발표불안을 가지고 있는 사람이라는 걸 증명하는 자리 같았다. 암이 의심되는 사람이 조직검사로 암을 확진하듯, 면접은 내게 "당신은 명백한 발표불안이에요."라고 진단을 해 주었다.

면접관은 아주 날카로운 눈빛과 목소리로 나에게 질문을 쏟아냈다. 정말 덜덜이도 그런 덜덜이가 없었다. 내가 뭐라고 이야기하는지조차 알 수 없었다. 면접 내내 나는 떨어졌구나, 망했구나 하는 생각만 들었다. 너무 창피해서 면접관으로 앉아 있던 교수님들을 두 번 다시는 만나고 싶지 않았다. 결국 지원했던 대학에서 떨어졌고 그것은 너무나 당연한 결과였다.

이렇듯 발표불안으로 느낀 좌절감은 이루 말할 수 없었다. 다행인 것은 사회에 나오니 고등학교 때처럼 피할 수 없는 경우보다 피할 수 있는 상황들이 많았다는 것이다.

스피치를 시작하고 나서 대학교 친구들에게 그동안 숨겨왔던 발표불안을 알리기로 했다. 나에 대해 속속들이 알고 있는 친구들이니 분명 나를 응원해 주리라 생각했다. 그래서 친구들에게 사실은 그동안 발표하는 게 너무 힘들었고, 이제는 말하는 연습을 하고 있다고 고백했다.

그러자 친구는 깜짝 놀랐다. 나에게 발표불안이 있다는 것을 전혀 몰랐다고 했다. 평소의 나는 활달하고 까불거리는 성격이었던 탓에 친구들은 내가 발표불안을 가지고 있었다는 걸 상상도 하지 못 했다고 했다. 그만큼 아주 철저하게 내 불안을 잘 숨겼던 것 같다.

다른 사람들의 이야기를 들어보면 고등학교 시절에는 아주 즐거운 추억이 많다고 한다. 그게 사실 일반적이다. 하지만 발표불안으로 인해 나의 학창시절은 잊고 싶은 기억이 더 많다.

이후로도 달라지지 않았다. 발표불안은 면접이나 콘퍼런스와 같은 중요한 순간마다 나를 좌절시켰고, 절망에 빠뜨렸다. 직장에서 콘퍼런스를 해야 할 때는 거의 한 달 전부터 제대로 잠을 잘 수도 먹을 수도 없었다. 사표를 내야 하나 말아야 하나 심각하게 고민도 했다. 하지만 내게는 발표불안을 이겨낼 용기가 없었던 것처럼 자퇴를 하거나 사표를 던질 용기가 없었다.

물론 노력을 전혀 해보지 않은 것은 아니었다. 그러나 노력해도 돌아오는 것은 더 큰 자괴감이었다. 실패와 좌절의 경험은 복리처럼 불어나서 나는 원래 말을 잘 못 하는 사람, 잘할 수 없는 사람이라는 것을 스스로 인정할 수밖에 없도록 나를 몰아부쳤다.

뿌리칠 수 없는 공포

발표불안을 인지하고 난 뒤로는 괴로움이 더 커졌다. 그렇다고 해서 발표불안을 피해 도망만 쳤던 건 아니었다. 사람들 앞에서 말하는 걸 두려워하는 건 모두 나의 의지가 약해서라고 생각했고, 어떻게 하든지 의지를 강하게 키우려고 시도했다.

나는 평소 차가운 물을 극도로 싫어한다. 하지만 목욕탕에 갈 때마다 "냉탕에 몸을 담그지 못하면 발표불안은 못 고친다."라고 생각했다. 그러면 냉탕의 차가운 물에도 들어갈 수 있었다. 그만큼 극복하고 싶은 마음이 컸기 때문이다. 점점 찬물에 대한 인내심을 기를 수 있었지만 이런 노력에도 불구하고 발표불안만은 고칠 수가 없었다.

불안은 참을성을 키운다고 해결되는 것이 아니었다. 강한 정신력만으로 극복할 수는 없었다. 그 이유는 내 자존감이 바닥이었기 때문이다. 단 한 번도 나에게 떨어도 괜찮다고 이야기하지 않았다. 떨지 말라고만 했다. 한참 뒤에야 나는 그것이 문제라는 것을 알아차리게 되었다. 차라리 "주영아, 더 떨어버려. 네가 최고로 잘 떨지. 떨어도 괜찮아."라고 했다면 덜 긴장하고 덜 떨었을 수도 있을 것 같다.

내 몸은 떨림에 집중을 했다. 떨면 안 된다는 생각은 무의식 중에 더 몸을 떨리도록 만들었다.

뇌는 바보 같아서 긍정과 부정을 구별하지 못 한다. 떨림에 집중하기보다는 "편안하게 말하기"라고 해야 하는데, 예전에는 단순히 떨지 말아야 한다는 생각만 컸었다.

첫 아이를 낳고 나서 3개월을 쉬었다. 출산휴가 기간에도 내 최대 관심사는 발표불안이었다. 어떤 분이 세상에서 가장 극심한 통증은 출산의 고통이라고 하면서 출산의 극심한 고통을 겪은 뒤로 발표불안이 나아졌다는 이야기를 했다. 죽느냐 사느냐 하는 절체절명의 순간을 겪으면 발표불안은 별문제도 아니라는 이야기였다. 그럴 듯 하게 들려서 나 역시 그렇게 될 수 있을지 모른다는 기대가 생겼다. 정말, 나도 모르게 발표불안이 자연스럽게 고쳐진 건 아닐까?

설마 했던 기적은 일어나지 않았다. 이놈은 아주 지독해서 여간해서는 떨어지지 않았다. 그래서 나는 그동안 미루어왔던 일을 실행하기로 했다. 스피치 학원을 알아보기로 한 것이다.

포털 사이트에 "스피치"라고 검색을 했더니 내가 살던 지역은

외진 시골인지라 웅변학원밖에 나오지 않았다.

"그래, 여기라도 가보자."

서울이나 부산 같은 대도시에나 스피치 학원이 있지 내가 살던 진주는 스피치와 관련해서 배우고 싶어도 그럴 수 없었다. 그날 바로 웅변학원에 전화를 걸어 수업을 듣기로 했다.

나는 평소에도 추진력 하나는 끝내준다. 학원은 예상대로 스킬 위주였다. 첫날은 어린아이가 한글을 배우듯이 가나다 발음부터 알려주었다. 나와 같은 성인 수강생이 두 명 더 있었는데, 한 명은 말을 더듬는 사람, 다른 한 사람은 아주 심하게 낯을 가리는 사람이었다.

나는 여러 사람 앞에서 말을 하려고 하면 떨리는 게 문제였는데, 이 두 사람은 그냥 봐도 나보다 더 심각한 수준이었다. 일단 "이 두 사람보다는 내가 낫구나." 하는 생각이 들었다. 그래서인지 하나도 떨리지 않았다.

학원 원장도 왜 왔느냐고 물어보았다. 첫 수업에 책 읽기를 했는데 나는 거의 완벽하게 읽었다. 2~3명 앞에서 책을 낭독하는 건 큰 부담이 되질 않았다. 내가 원한 수업은 이런 게 아니었는데 실망스러웠다. 나는 어릴 때 추억을 되살리며 웅변학원을 한 달 정도 다니다가 그만두었다. 전혀 도움이 되지 않았다.

발표불안이 극에 달했을 때 신경안정제도 복용해보았다. 직장을 다니고 나서 업무상 80~100명 앞에서 교육할 기회가 찾아왔다. 대학교 조별 과제는 다른 친구에게 부탁을 할 수 있었으나, 업무상 발생하는 교육은 동료에게 부탁할 수 있는 입장이 아니었다. 한 달을 끙끙 앓고 악몽도 꾸었다. 급격하게 살이 빠지고 매일 매일이 우울했다. 고민 끝에 내가 생각해낸 방법은 약을 복용하는 것이었다. 약은 최후의 보루였고 먹지 않으리라 스스로 다짐했다. 주머니에 넣고 꺼내지 말자는 생각으로 만지작거리기만 했다.

고속버스를 타고 택시를 갈아타고서야 내가 교육을 해야 하는 장소에 도착했다. 한 시간 전에 미리 도착해서 넓은 홀을 보는 순간 머리에 두통이 생기는 것만 같았다. 반원형 강단을 빙 둘러 셀 수 없이 많은 빨간색 의자와 사람들이 보였다. 스스로 괜찮다고 주문을 외워보았다. 드디어 교육을 시작하기 30분 전이 되었다. 내 팔다리가 다시 반응했다. 걷지도 못할 정도로 미친 듯이 떨려왔다. 벌써부터 과호흡이 오기 시작했다.

시간이 지나자 사람들이 점점 더 많아지기 시작했다. 이 많은 사람들 앞에서 떨게 되면 나는 평생 이 치욕적인 날을 곱씹으며 우울증에 빠질 것만 같았다. 도저히 안 되겠다는 판단과 함께 정수기로 가서 약을 한 알 입에 털어 넣었다.

진행자가 급하게 달려와 강의시간이 60분에서 30분으로 줄었다고 양해를 바란다며 앞에 나가서 이야기를 해달라고 했다. 나로서는 강의시간 단축은 다행인 일이지만 차마 입이 떨어지지 않았다. 나는 그 짧은 멘트조차 즉흥으로 할 수 없는 사람이었다.

원고 앞쪽에 대충 그 말들을 적어놓고 읽었다.

처음 5분은 평소처럼 팔다리가 떨렸다. 속으로 "순 거짓말이
네. 약도 도움이 안 되네."하고 중얼거렸다.

실망스럽던 찰나 몸에 반응이 왔다. 평소와는 뭔가 달랐다. 시
간이 지날수록 마치 소주 한 병을 마신 기분이 들었다. 쿵쾅대던
심장은 점점 느려지고 손도 떨리지 않았다. 얼굴에는 웃음도 피
어났다. 나도 모르게 말이 술술 나왔다. 나를 바라보는 시선도
전혀 부담스럽지 않았다.

강의를 마치고 "다음에 또 먹어야지."라는 생각이 들었던 순
간 섬뜩한 기분이 들었다. 이렇게 의존하다가는 이 약을 평생
먹어야 할 것 같았다. 그래서 그 후로 무슨 일이 있어도 약은 먹
지 말아야 겠다고 다짐했다.

어느 날 직장에서 새로 입사하는 직원에 대한 교육업무를 맡
았다. 신규직원은 딱 9명이었다. 80명이나 100명이 아니다. 내가
그토록 원하던 10명 정도의 사람들 앞에서 편하게 이야기할 수
있는 기회가 왔다. 신규직원은 이제 막 입사해서 업무에 관해서
는 아무것도 모르는 상태고, 나는 이 바닥에 잔뼈가 굵은 사람이
었다. 혹시나 실수해도 신규직원들은 내가 실수를 한 줄도 모를
정도로 업무 파악이 안 된 상태였다. 그래서 아주 좋은 연습 기회
가 될 것 같았다.

하지만 이 기회는 진정한 연습이 되지 못했다. 나는 첫인상부

터 덜덜이 선배가 되었다. 멋지게 교육을 하고 싶었던 나의 바람은 그저 바람이었을 뿐.

그날 이후로 쪽팔려서 한동안 신입직원들을 똑바로 보지 못했다. 사실 마음이 불안했던 이유는 신규직원 중에 나와 나이가 비슷한 사람이 한 명 있었기 때문이었다. 왠지 그는 사회 경험도 많고 발표 경험도 많을 것 같았다. 그 사람이 계속 신경 쓰여서 교육 내내 긴장이 되었다. 교육 준비는 많이 했지만 나는 항상 발표를 한 뒤 이기는 쪽이 아니라 지는 쪽이었다.

스피치는 스킬이나 준비의 문제만은 아니었다. 제일 근본적인 것은 내 마음이었다. 이런 공포심은 내가 "떨지 마. 떨지 마!"라고 할수록 더 떨렸고, "잘 해야 돼!"라고 할수록 나에게 실수와 실패를 안겨주었다.

발표 공포는 내가 느낄 수 있는 모든 두려움 중에 단연코 가장 큰 공포였다. 심지어 죽음의 공포보다도 더 컸다. 이것을 피할 수 있는 방법은 자퇴를 하고, 퇴사를 하는 방법뿐이었다.

실제로 이런 고민 때문에 좋은 직장을 퇴사하는 사람이 많다고 한다. 발표불안을 경험해본 사람이라면 나의 심정을 충분히 이해할 것이다. 발표불안을 가지고 있는 사람은 그만큼 견디기 힘들고 간절히 고치고 싶어 한다.

존재감 없는 사람이 되어가다

얼마 전 지인들에게 카카오톡 메시지를 보냈다.

"나의 강점이 뭐예요?"

나를 오랫동안 지켜봐왔던 절친한 지인으로부터 온 메시지는 긍정, 착함, 책임감이었다. 나를 이렇게 좋게 봐 주다니 아주 감사하다.

요즘 나는 내가 좋아하는 일, 잘하는 일에 대해서 생각하고 있다. 스피치를 좀 더 잘하려면 어떻게 할지 고민을 하던 중에 도움을 조금 얻고자 했는데 기분이 상당히 좋아졌다.

나의 관심사는 온통 스피치이다. 스피치를 잘하기 위해 책도 읽고, 운동도 하고, 늘 긍정적으로 생활한다.

스피치는 내 삶을 완전히 바꿔 놓았다. 발표불안으로 고통을 당해오지 않았더라면 이렇게 간절한 마음으로 스피치를 열심히 하지 않았을 것이다. 말을 적당히 잘 했으면 스피치 연습도 하지 않았을 것이고 그냥 그럭저럭 적당히 살았을 것이다. 그래서 지금은 오히려 내가 발표불안을 갖게 된 것에도 감사한 마음이다.

모든 일은 우연히 그냥 생기지 않는다. 나에게 찾아온 이유도 나를 더 긍정적이고 열정적으로 살도록 하려는 뜻인 것 같다. 나는 신을 믿지는 않지만, 신이든 우주든 그 무엇이든 나에게 이런 열정을 심어 주어서 감사하다.

어릴 때부터 나는 착하다는 소리를 많이 들었다. 주위 사람들의 부탁을 잘 거절하지 못 했고, 친구와 싸우지도 않았다. 화가 날 때도 있었지만 착하다는 소리를 못 들을까봐 속으로 삼키는 날이 많았다. 성인이 되고 나서야 알았다. 착하다는 이야기는 결코 칭찬이 아니라는 것을….

착한 사람 타이틀은 직장에서도 가지고 있었다. 반면 나에 비해 요즘 후배들은 하고 싶은 말이든 거절의사든 표현을 하는 데 거침이 없다. 몇 년 차이인데도 이렇게 세대차이가 느껴진다. 한편으로는 눈치를 보지 않고 자신의 의사를 표현하는 후배들을 보면 멋지다는 생각까지 든다.

나는 왜 그때 그러지 못했을까? 부탁이 들어오면 억지로 꾸역꾸역 차마 싫은 티도 내지 못하고 도와주었다. 몇 년 전까지만 해도 나는 오케이 우먼도 그런 오케이 우먼이 없었다. 누군가가 부탁을 해오면 대부분 거절을 하지 못했다.

'얼마나 힘들게 말을 꺼냈을까?' 상대방의 입장에서 먼저 생각했다. 좀 어리석었지만, 직장 내에서 만나는 모든 사람을 좋은 사람이라고 여겼다. 그래서 직장상사로부터 성추행을 당했을 때도 싫다는 이야기를 못 했다. 성추행 자체도 나쁘지만 단호하게 거절하지 못했다는 사실이 나를 괴롭혔다. 그런 자신에게 화가 나서 정신과 치료까지 받았었다.

나의 '착한 사람 강박증' 병은 성추행사건 이후로 고칠 수 있었다. 스피치는 나의 은인과도 같다.

아버지는 굉장히 유쾌한 분이다. 동네에서도 재미있는 아저씨로 통한다. 요즘 말로 흥부자다. 내 본가는 경상남도 고성인데, 평생 농사만 짓고 사시느라 요즘 들어 여기저기 아프지 않은 데가 없으신 아버지는 창원에 있는 대학병원으로 자주 외래진료를 받으러 오신다. 창원에 오려면 마창대교를 건너야 하는데, 통과할 때마다 2,500원을 내야 한다. 아버지는 요금소도 그냥 지나치시지 않는다.

"아가씨, 요금 비싸다. 깎아 주이소."

아버지가 돈이 없어서 그런 건 아니다. 그저 상대방에게 말을 걸고 싶고 웃음을 주고 싶어서 그렇게 하시는 거였다. 어머니 말씀에 따르면 요금 정산하시는 분은 한술 더 떠 "아저씨, 이것도 깎아드린 겁니더."라고 했다고 한다.

올 때 한 번 했다고 끝이 아니다. 집으로 돌아가는 길에 다른 정산원에게 또 같은 농담을 하신다. 아버지의 개그 본능은 이게 다가 아니다. 식당에서 반주를 하고 소주가 3분의 1 정도 남았다. 아버지는 소주를 남겼으니 300원을 빼달라고 식당 주인에게 떼를 쓴다. 몇 번 당하다 보니 식당 주인은 "아저씨 음식물 남기면 벌금 내야 됩니다. 아저씨가 300원 주이소."라고 해서 오히려 아버지를 당황하게 만든다.

이런 말장난이 재미있어 아버지는 계속, 계속 사람들에게 장난을 친다. 왜 그랬냐고 핀잔을 주어도 아버지의 이런 농담을 말릴 수가 없다. 다행히 대부분의 사람들은 웃음으로 대꾸해 준다.

앞에서 이야기했던 대로 나는 초등학교 시절에는 아주 활달한 성격이었다. 아마도 아버지의 끼를 물려받은 듯했다. 교내에서 하는 대부분의 행사에 참여했다. 부끄러움도 없고 사람들 앞에 나서는 것을 즐거워했다. 발표불안이 생기고 나서 참 이해가 안 가는 부분도 예전에는 이렇게 무대 위에 서는 것을 좋아했는데, 왜 하루아침에 극과 극으로 바뀌었느냐는 것이었다. 그래서 처음에는 "조금만 노력하면 예전의 내 모습으로 돌아올 수 있을 거야. 나는 원래 사람들 앞에 서는 걸 좋아했잖아."라고 생각했다. 쉽게 돌아올 줄 알았다.

대부분의 사람들은 사춘기를 계기로 성격이 한번 크게 바뀌는 것 같다. 말 잘 듣던 아이가 부모님께 큰 반항을 하기도 하고, 조용히 방에 틀어박혀 자기만의 시간을 가지기도 한다. 하루는 평소보다 심하게 짜증을 부리는 6학년 큰아이에게 "왜 이렇게 짜증이니?" 라고 물었더니 아이가 말했다.

"화를 안 내고 싶은데 나도 모르게 짜증이 나요."

그 무렵에는 나도 그랬던 것 같다.

"호르몬 때문에 감정 조절이 힘들어서 그래."

이해가 되면서도 서운했다. 차라리 감정 표현을 못 하는 것보다는 낫다는 생각이 들었다. 누구나 그 나이에 지나가는 과정일 뿐이다. 그러다가 스무 살이 가까워지면 원래대로 상냥하고 밝은 성격으로 돌아오겠지. 원래 성격으로 돌아올 거야. 사춘기는 잠깐 자신이 아닌 다른 캐릭터로 살아보는 시기라고 생각했다.

나는 사람들 앞에 나서기 좋아하던 예전의 나로 돌아올 것이라고 믿었다. 그렇게 내가 발표불안에 대해 적극적으로 걱정을 하지 않았던 것은 어쩌면 사춘기 시절이 지나 어른이 되면 자연스럽게 고쳐질 거라고 믿었기 때문이었다.

단순한 감기나 넘어져 생긴 무릎의 상처처럼 시간이 지나면 저절로 낫는 것으로 생각했다. 하지만 발표불안은 내 성격을 더욱더 소심하게 만들었고, 떠는 모습을 보일까봐 사람들 앞에 나서는 걸 피했다. 간단한 자기소개도 하지 못했다. 누군가가 나를 시키기라도 하면 어떻게 하나 싶어 초긴장 모드였다. 사실 내성적인 성격으로 바뀌면서 발표불안이 왔는지, 발표불안이 와서 내성적인 성향으로 바뀌었는지는 모르겠다. 명백한 것은 중학교 이후 사람들은 나를 보고 내성적이라고 했다는 것이다.

더 이상 수업시간에 선생님 눈을 맞출 수도 없었고, 손을 들 수도 없었다. 목소리도 작아지고 웃음도 사라졌다. 이런 내가 답답

하고 미웠다. 수업시간에 책을 낭독하거나 발표를 해야 했던 날이면 집에 와서 혼자 울기도 했다. 평소에는 학교에서 있었던 일들을 잘 이야기했지만 발표불안만큼은 가족들에게조차 털어놓을 수가 없었다. 친한 친구들이 있었지만 발표불안으로 고민한다는 이야기는 도저히 할 수도 없었다.

나는 풀 수 없는 방정식 앞에서 펜만 굴리는 사람처럼 무기력한 존재였다. 혼자 고민하고 답을 구하려고 했지만, 뭐가 문제인지 도저히 알 수 없었다.

지금은 SNS도 발달하고 인터넷에 많은 정보가 넘쳐서 발표불안이라는 키워드만 입력해도 수많은 글들이 쏟아진다. 병원에 가서 심리상담을 받기도 하고 다른 사람이 쓴 비슷한 고민에 대해 읽으며 자신의 답을 찾게 될 수도 있다.

하지만 내가 발표불안으로 비참한 나날을 보낼 당시 얻을 수 있는 정보는 하나도 없었다. 발표불안은 행복해야 할 내 청소년기를 송두리째 앗아갔다. 나 혼자만 저주받은 느낌이 들었다. 불치병에 걸린 기분이었다.

착함은 어쩌면 이런 발표불안을 가리기 위한 나의 방어기제였다. 어차피 떨리는 것을 고칠 수 없다면 남들보다 더 친절하고 상냥해져야 했다. 그래야 사람들이 나를 더 좋아했다. 남들이 나를 뭐라고 생각하든 신경을 쓰지 않아도 되는데, 그때는 뭐가 그렇게 중요했는지.

Chapter. 2

발표공포 속에서 보낸 20년

도망자

　1993년 해리슨 포드가 주연한 〈도망자〉라는 영화가 있다. 아내를 살해했다는 누명을 쓴 해리슨 포드는 유죄선고를 받고 사형수로 이송되던 중 탈주를 한다. 그리고 자신의 무죄를 증명하기 위해 FBI와 숨 막히는 추격전을 펼치는 아주 흥미진진한 영화다.

　경찰의 추격을 피해 도망치다 막다른 길에 몰리기도 하고, 외모를 감추기 위해 수염도 자른다. 영화는 진범을 잡기 위해 고군분투하는 해리슨 포드의 액션 연기와 빈틈없는 시나리오가 완벽한 조화를 이루며 많은 사랑을 받았다.

　해리슨 포드는 아주 민첩하고 상황 판단력이 뛰어난 도망자를 연기한다. 하지만 현실에서의 도망자는 "찌질함" 그 자체다. 학창 시절 발표할 기회가 주어질 때마다 나는 바로 찌질한 도망자가 되었다. 사람들 앞에 나가 말을 해야 하는 일이 생기면 이런저런 핑계를 대며 피해다녔다. 발표뿐만이 아니었다. 사람들의 주목을 받는 것 자체가 너무나 힘들었다.

어떤 정신과 의사는 발표 공포는 공황장애의 일종이라고 했다. 공황장애를 겪어 보진 않았으나 그 괴로운 심정은 대충 알 것 같다. 가끔은 회피하고 싶어도 그럴 수 없는 자리가 있다. 그럴 때면 죽고 싶은 마음이 들었다. 이 게임은 죽어야 끝날 것 같았다. 교회에 다니는 친구처럼 하나님에게 기도를 해보기도 했다. 간절한 마음으로 하나님께 도와달라고 기도했지만 신도 내 편은 아니었다. 전날 열심히 기도했던 것도 무색하게 선생님은 눈치 없이 내게 발표를 시켰다.

"유. 주. 영."

내 이름이 호명됨과 동시에 깨달았다. 신은 내 편이 아니거나 혹은 없거나 둘 중의 하나라고.

중학교 2학년 때 학급 번호는 20번이었다. 최악의 번호다. 수업시간에 선생님으로부터 질문을 가장 많이 받는 번호이기 때문이다. 그날이 10일, 20일, 30일이라면 학교에 가기 전부터 초긴장 상태에 빠졌다. 그런 날은 학교를 빼먹고 싶었다. 하지만 아버지의 철칙은 "아파도 학교에 가서 아파라!"였다. 그래서 결석도 마음대로 할 수 없었다. 제발 내 번호가 걸리지 않기를 기도하는 수밖에 할 수 있는 일이 없었다. 선생님이 실수로 까먹고 조용히 넘어갔으면 하는 게 유일한 바람이었다.

선생님은 11일에는 11번, 21번도 시키고 10번, 20번도 시켰다. 나는 정말 최악의 반 번호를 가지고 있었고, 아무리 용을 써도 피해갈 방법은 없었다. 최대한 튀지 않고 조용히 앉아 있는 게 최선이었다. 혹시나 눈이라도 마주쳐 선생님이 나를 시킬까봐 조마조마했다. 성격은 더 소심해지고 마음은 더 불안해졌다. 이런 악순환의 고리가 이어지면서 나는 수업시간마다 선생님 시선을 피하기 위해 애쓰는 도망자가 되었고, 해리슨 포드가 러닝타임 120분 동안만 도망치면 됐다면, 나는 20년 동안이나 끊임없이 도망을 쳐야 했던 도망자였다.

내 안에 숨어 있는 진짜 범인이 누구인지 궁금하지도 않았다. 그냥 어느 순간 "당신은 죄가 없소. 도망치지 마시오." 라고 누군가 말해 주는 행운이 찾아오기를 기다렸다.

하지만 이 세상에 그런 말을 해 주는 경찰, FBI는 없었다. 도망자는 그저 도망치기 바빴다. 내가 스스로 "도망치지 말자. 힘들었지? 이제 멈춰도 돼." 라고 이야기하기 전까지는 말이다.

갑자기 1분 동안 자기소개를 하라고 한다면? 직장에 입사했을 때, 대학교에서 MT를 갈 때 혹은 동호회 모임에 참석해도 1분 자기소개를 시킨다. 3분, 5분도 아닌 딱 1분! 자기 이름과 간단한 포부만 이야기해도 금방 지나간다. 하지만 나는 1분 자기소개도 힘이 들었다. 식은땀이 나고, 호흡이 가빠지고, 다리에 힘이 풀려 털썩 주저앉을 것 같은 기분이 든다.

무엇보다 힘든 건 머릿속이 하얘지는 것이다. 사람들 앞에 서는 순간 머리가 고장이 나 버린다. 입은 움직이고 있지만 내가 무슨 말을 하는지 알 수도 없었다. 그냥 이 지옥 같은 시간이 빨리 지나가기만 빌었다. 다른 사람들은 근사한 멘트를 미리 준비해 오는지 내가 생각지도 못했던 아주 멋진 말을 했는데, 그러면 나는 스스로의 그런 모습이 한없이 더 바보 같이 느껴졌다.

나도 이런 내가 싫다. 나를 리셋하는 장비가 있다면, 아니면 타임머신을 타고 중학교 2학년 때 국사 시간으로 돌아가서 책을 보통 때처럼 읽고 다시 돌아온다면 얼마나 좋을까! 지금 내가 할 수 있는 일은 하나도 없었다. 도망치는 일밖에는….

중학교 졸업식을 앞둔 어느 날 담임선생님께서 교무실로 나를 불렀다. 학생대표로 졸업장을 받는다고 했다. 온몸에 전기가 찌릿하면서 벼락을 맞은 기분이었다. 그런 와중에서 우연히 텔레비전을 보는데, 허준으로 분장을 한 사람이 우황청심환 광고를 했다. 바로 이거야! 왜 혼자 끙끙 앓았을까? 이렇게 좋은 약이 있다는데. 그날 나는 태어나서 처음으로 우황청심환을 먹기로 했다.

근처 약국에서 중학생이 전혀 살 것 같지 않은 우황청심환을 구입했다. 엄마 몰래 우황청심환을 사놓았지만, 졸업식 일주일 전부터 잠을 제대로 잘 수가 없었다. 대부분은 상을 받는다고 하면 기뻐서 폴짝 뛸 테지만 나는 상황이 달랐다. 전교생이 보는 앞에서 단상에 나가 서 있을 생각을 하니 현기증이 났다. 수

백 개의 눈동자가 나를 쫓아올 것을 생각하자 상을 주는 교장 선생님까지 미웠다. 차라리 상을 안 받았으면, 친구가 대신 받았으면 이런 걱정은 안 해도 될 텐데. 괜히 열심히 공부했다는 생각도 들었다.

졸업식 날 아침 미리 구매한 우황청심환을 원샷 했다. 초록색 병에 든 액체로 된 약이었다. 마치 서예시간에 갈았던 먹을 마시면 이런 맛일 것 같다. 그 약은 아주 쓰고 냄새가 역했다. 물을 계속 들이켜도 그 야릇한 맛은 없어지지 않았다. 다시는 먹고 싶지 않은 맛이었다.

그러나 약효만 제대로 발휘되어 준다면 후회는 없을 것 같았다. 기대와는 달리 우황청심환을 먹어도 떨리는 건 마찬가지였다. 다행히도 선생님과 친구들이 보는 앞에서 쓰러지는 불상사는 없었다. 혹시나 너무 떨려서 기절이라도 하면 사람들이 나를 뭐라고 생각할까? 속이 조마조마했다.

마침내 졸업식이 시작되었다. 의자에 앉아서 조용히 식을 지켜보았다. 자꾸만 앞뒤 옆을 둘러보게 되었다. 과연 오늘 얼마나 많은 사람이 왔을까. 고개를 돌려 강당을 빙 둘러보았다. 우리 반 친구들뿐만 아니라 옆에는 1, 2학년 후배들도 서 있었다. 그리고 뒤에는 학부모님들이 꽃을 들고 서 있었다. 심호흡을 했다. 한 번, 두 번 깊은 숨을 내뱉어도 떨리는 마음은 진정되지 않았다. 앞에 나가서 마이크를 잡고 말을 하는 것도 아니고, 그저 교장선생님이 건네 주는 상장만 받고 돌아오면 되는데도 심장이 미친 듯이 뛰었다.

"학생대표 유주영!"

드디어 내가 일어설 차례가 되었다.

두 다리가 달달 떨렸지만 주위 사람들은 크게 눈치를 채지 못한 듯했다. 내 인생에서 길고 긴 1분이었다.

자리로 돌아오고 얼마 지나지 않아 또 내 이름이 불렸다. 전교생이 100명도 채 되지 않다 보니 상장 6개 중에서 4개를 내가 대표로 단상에 나가 받았다. 두 번째 나갈 때는 첫 번째보다 약간 떨림이 덜했다.

30여 분 진행된 졸업식이 끝나자 비로소 맥이 탁 풀렸다.

나는 괴롭고 악몽 같았던 졸업식이었는데, 그날 아버지는 세상에서 제일 행복한 사람처럼 보였다. 아버지는 내가 입학한 뒤로 한 번도 학교에 오지 않으셨었는데, 그게 미안하셨던지 졸업식에는 참석하셨다. 그리고 대표로 상을 여러 번 타는 딸의 모습을 보고는 기분이 너무나 좋으셨던 나머지 그날 학부모님들에게 밥을 샀다고 한다. 저녁에는 술이 거나하게 취해서 졸업식에 오지 못하셨던 엄마에게 그때 상황을 재연하면서 손뼉을 치면서 좋아하셨다.

나는 그런 아버지를 지켜보다가 방문을 조용히 닫았다. 내 속도 모르고 큰소리로 웃으시며 즐거워 하시는 부모님을 보니 나 자신이 더욱더 초라하게 느껴졌다.

평소에는 자신의 감정을 잘 드러내지 않는 무뚝뚝한 아버지인데, 이렇게 좋아하시는 모습은 오랜만에 보았다. 더 당당하게 단상으로 걸어 나갔더라면 좋았을 걸 하고 속으로 생각했다. 흐뭇해 하시는 부모님 모습을 보고도 극복하겠다는 생각보다는 다음에는 이런 기회를 만들지 않겠다는 생각만 들었다.

어차피 고등학교에 진학하면 공부를 잘하는 도시 학생들에 밀리게 될 것이고 다시는 이런 일도 없을 것이다. 나는 빨리 고등학생이 되고 싶었다. 전에는 일어서서 책을 읽거나 발표하는 것에만 두려움이 있었는데, 졸업식을 계기로 사람들의 시선도 두려워졌다. 많은 사람들 앞에서 주목을 받는 것, 나를 쳐다보는 사람들의 시선이 더욱 더 무서워진 것이다.

별의별 방법을 다 써 봤건만

나는 특별한 종교를 가지고 있지 않다. 그래도 어릴 때는 친구를 따라 일요일마다 교회에 가서 열심히 찬송가를 불렀고, 크리스마스 시즌이면 학교를 마치자 마자 곧장 교회로 갔었다. 당시 5시에서 7시 사이에 방송되는 만화영화를 보는 게 전부였던 무료한 시골 생활에서 교회에서 하는 작은 공연이 재밌는 놀이와 같아서 좋았던 것 같다. 무엇보다 안무연습이 끝나면 젊은 전도사 사모님이 사 주는 100원짜리 호빵을 먹을 수 있었던 게 좋았다.

교회에 갔다고 해서 기독교 신자는 아니었다. 부처님 오신 날이 되면 엄마를 따라 근처 절에 가서 연등을 달고 소원을 빌기도 했으니까.

사실 절집에 가면 마음이 편해졌다. 무엇보다 일요일이면 집으로 찾아와 교회에 가자고 조르던 내 친구처럼 질기게 권하는 사람이 없어서 더 좋았다. 그때마다 나는 이런 저런 핑계를 대며 거절하는 일이 곤혹스럽기도 했는데, 절집은 그저 내가 가고 싶을 때 자유의지로 갈 수 있어서 더 좋았던 것 같다. 그래서 지금도 종종 여행을 가거나 등산을 하다가 절집이 보이면 찾아들어간다. 대웅전으로 들어가 부처님께 가벼운 목례를 하고는 툇마루에 걸터앉아 시간을 보내다 보면 왠지 모르게 마음이 차분해지고 정신이 맑아진다.

고등학교에 가면 나아질 거라고 생각했던 발표불안은 오히려 점점 더 심해졌다. 내 주변에서 교회에 다니는 친구들은 대체로 리더십을 갖추고 상냥한 성격을 가지고 있는 것처럼 보였다. 나는 고민 끝에 일요일마다 우리 집으로 나를 데리러 왔던 친구를 따라 교회에 가보기로 했다. 그 친구와 나는 각자 다른 학교에 다니고 있었지만 우리는 교회라는 매개체를 통해 자주 만났다. 새벽기도, 수요예배, 주말 저녁예배까지 열심히 다녔다.

간절히 기도하면 이루어진다는 단짝친구의 말과는 달리 내 발표불안은 전혀 나아질 기미가 보이지 않았다. 금식기도를 하면 더 잘 들어주신다고 해서 12시간 동안 굶어가며 기도를 했다. 매주 수요일마다 새벽 6시에 시작되는 새벽기도에도 나갔다. 새벽에 일어나 코가 깨질 것 같은 바람을 맞으며 길을 나섰다. 가끔 청소부 아저씨나 아침 일찍 출근하는 사람들을 한두 명 만나게 될 뿐 온 세상이 잠들어 있었던 그 새벽, 아침잠이 많은 내가 꿀

맛 같은 잠을 포기하고 길을 나설 만큼 나는 절박했다.

다른 신자들이 목사님의 말씀에 따라 일어났다 앉기를 반복했다. 이런 예배 순서랑은 상관없이 나는 눈을 감고 "발표불안을 극복하게 해 주세요!"라고 빌었다. 빌고, 빌고 또 빌었다. 매일 빌었다. 나의 기도는 간절했으나 신은 대답이 없었다. 3년 동안 교회를 열심히 다녔지만 결론적으로 내게는 아무런 변화도 일어나지 않았다. 다시 말해 기도만으로는 발표불안을 극복할 수는 없었다.

어느 날, 저녁 예배시간이었다. 주말 저녁 예배는 평일보다 많은 사람이 참석했다. 그 교회는 특이하게도 목사님 대신 신도들이 돌아가면서 예배를 주관하는 날이 있었는데, 하루는 어떤 여자 권사라는 분이 목사님을 대신해 앞으로 나가 예배를 주관하고 있었다.

비교적 규모가 큰 교회라서 나는 2층에 자리를 잡고 앉아 있었는데, 기도를 시작하자마자 덜덜 떨리는 목소리가 마이크를 통해 들려왔다. 마이크에 대고 말을 해서 그런지 그분의 떨림이 더 강하게 느껴졌다. 마치 내가 가지고 있는 불안증을 들킨 것처럼 부끄러웠다.

20분에서 30분 동안 이어진 그녀의 떨리는 목소리는 듣는 이로 하여금 안타까운 탄식을 자아내도록 했다. 다른 사람들은 그럴 수도 있다고 생각했을 테지만, 비슷한 증상을 가진 나로서는 이런 모습을 지켜보는 것조차 고문에 가까웠다. 마치 내 미래의 모습을 보는 것만 같았다. 교회에 다니는 사람은 떨지 않고 말을 잘할 줄 알았는데, 그날 내가 품고 있던 모든 환상이 깨졌다.

"이 권사님은 얼마나 이런 콤플렉스를 고치고 싶었을까? 그리고 얼마나 기도를 했을까. 그런데 왜 못 고쳤을까."

그날 이후 교회도 내 불안증 치료에 도움이 되지 않으리라는 생각이 들었다. 그리고 자연스럽게 교회와도 멀어지게 되었다.

나는 고등학교에 입학하면서 자취를 시작하게 되었는데, 처음에는 부모님이 보고 싶어 매일 우는 게 일상이었다. 매일 저녁 엄마와 통화를 하고 나면 고향이 있는 쪽을 보면서 눈물을 뚝뚝 흘렸다.

어느 봄날, 체육시간에 심장이 터질 것 같은 공황증세가 찾아왔다. 부모님께 전화를 드렸더니 한걸음에 달려와 병원으로 나를 데리고 갔다. 그 병원은 마산시 회원구 합성동 시외버스터미널이 근처에 있었는데, 낡은 건물에 있기는 했어도 늘 사람들로 붐비는 꽤 유명한 병원이었다. 환자들은 의사를 만나려고 새벽부터 와서 줄을 섰다.

의사 선생님은 상담을 하더니 자기가 무조건 고쳐주겠다고 했다. 작은 진료실 안에서 백발의 의사는 신처럼 느껴졌다. 왜 사람들이 많이 몰리는지 알 것 같았다. 상담을 마친 후 나는 날아갈 것처럼 마음이 가벼워졌다. 드디어 나를 구해줄 출구를 찾은 것 같았다. 한 달 치 약을 받아서 병원을 나섰다.

　엄마와 나는 그제야 안심했다. 엄마가 이제 괜찮으냐고 물었다. 불안한 마음이 갑자기 씻은 듯이 나은 것 같았다. 병원에서 지어준 약을 꼬박꼬박 먹었다. 하지만 내 발표불안은 전혀 좋아지지 않았다. 병원을 나오는 순간 신처럼 보였던 그 의사 선생님은 그냥 평범한 의사 중 하나였다. 내 병을 고쳐줄 사람은 그 어디에도 없었다.

　어릴 때, 우리 동네에는 작은 신당을 모시는 무당 할머니가 계셨다. 엄마는 예전부터 집안에 무슨 일이 생기면 그 할머니께 가서 기도를 했다. 그리고 동짓날이 되면 앞집 무당 할머니께서 끓인 팥죽을 사와서 가족들에게 먹였다. 죽은 작은 냄비 하나에 만 원이었다. 맛은 없었지만 동짓날 팥죽을 먹어야 복이 온다고 했다. 신이 있다고 믿지는 않았지만 그렇다고 배척하지도 않았다.

　고등학교에 진학하면서 할머니와 함께 창원에서 살게 되었는데, 철이 없었을 때에는 늘 할머니에게 짜증만 냈던 것 같다. 엄마는 내가 정신과 의사 선생님과 상담을 한 후 굿을 해야 할지 심각하게 고민했다고 한다. 그 정도로 나의 발표불안은 꽤 심각한 수준이었다.

　엄마는 내가 귀신에 씌어 그렇다는 얘기를 어디선가 듣고는 아버지 몰래 비상금을 털어 부적을 써 주셨다. 지금 생각하면 말도 안 된다며 고개를 저었겠지만 그때는 뭐든 할 수 있는 방법은 다 해보고 싶었다. 하느님도, 의사도 못 고친다면 나는 평생 이렇게 남들 시선을 피해 살아야 할 것 같았다. 그래서 부적 아니라 부적 할아버지라도 다 동원하고 싶었다.

내가 생각했던 부적의 비주얼이 아니었다. 크기는 손가락 두 마디 정도 되고 비단인 것 같은 빨간 천에 싸여 있었다. 그 안에 들어 있는 종이 부적은 너무나 꽁꽁 싸매서 볼 수도 없었다. 상관 없었다. 효과만 있으면 신줏단지처럼 받들기로 생각했다. 바지 주머니에 넣고 다니려고 하다가 잃어버릴 것 같아 혼자만의 공간에 숨겨놓기로 했다. 엄마가 남들 모르게 잘 둬야 한다고 신신당부를 해서 베갯잇 안에다가 몰래 넣어 두었는데, 이런 상황을 모르던 할머니가 베갯잇을 빨아버렸다. 엄마에게 받은 지 3일 만에 종이 부적은 세탁기에 들어가 버렸다. 나는 마치 한참 뒤에 발견한 영수증처럼 딱딱하게 뭉쳐 있는 부적을 보고 울고불고 할머니를 원망하며 난리를 쳤다. 연세가 많아서 기력도 없으시고 가냘팠던 할머니는 나에게 미안하다는 말만 하셨다. 부적의 효과도 느껴보지 못한 채 마지막 희망이었던 부적은 그렇게 사라져 버렸다.

2008년 첫 아이를 출산했다. "혹시나 나도 모르게 불안이 사라지지 않았을까?" 하는 기대를 했다. 직장 내 콘퍼런스는 이를 시험하는 아주 좋은 기회였다. 가벼운 마음으로 발표를 했다. 콘퍼런스는 쉽게 넘을 수 있는 벽이 아니었다. 여전히 얼굴은 홍당무처럼 달아오르고 온몸은 사시나무처럼 떨렸다. 10분, 지옥 같은 시간이 흐르고 난 뒤 나는 거의 패닉 상태였다. 고참 동료가 나를 보고는 괜찮다며 위로했지만 나는 전혀 괜찮지 못했다.

당장 스피치 학원을 검색했다. 작은 도시여서인지 스피치 학원은 찾아볼 수 없었다. 아쉬운 대로 옛 기억을 떠올리며 웅변학원을 찾아갔다. 웅변학원은 역시 스킬 위주였다. 매일 책을 낭독하고 어려운 발음을 연습했다. 나는 발음, 발성 연습이 중요한 것이 아니었다. 성인반은 나를 포함해서 세 명이었는데, 세 사람 중에서 책을 낭독하는 데는 내가 전문가였다. 두 사람 앞에서는 떨리지도 않았다. 학원 원장이 말했다.

"주영 씨, 주영 씨는 여기 왜 왔어요?"

내가 생각해도 웅변학원은 내가 가야 할 곳이 아니었다. 하지만 두 사람 앞에서 책 읽을 때는 떨지 않는다는 사실을 알게 되었다. 약간의 자신감이 붙었다. 나는 80명, 100명 앞에서 이야기하고 싶은 게 아니었다. 10명 앞에서 떨지 않고, 하고 싶은 이야기를 마음껏 하고 싶었다. 그것이 내 유일한 소원이었다.

불안을 없애는 방법 중에 즉각적인 효과를 나타낸 것은 알약 형태의 신경안정제였다. 딱 한 번 복용한 적이 있는데, 곧바로 후회했다. 발표불안도 싫었지만 평생 약을 먹는 것도 싫었다. 비록 사람들 앞에서 떨지언정 약에 의존하는 건 아니라는 생각이 들었다.

지금도 그 생각은 변함이 없다. 그리고 약을 먹지 않으리라고 다짐한 것은 아주 잘한 일이다. 감정을 컨트롤하는 약은 되도록 피하는 것이 좋다. 사람의 기분은 자연스럽게 흘러가는 게 맞다. 감정을 조절하는 약은 술이나 마약과 다를 바 없다. 약을 두 번 다시 먹었다면 스피치의 즐거움을 모르고 평생 약에 의존해야 했을 것이다.

위기가 기회라는 말이 있다. 발표불안이 생긴 것은 인생 최대의 위기였다. 20년 동안 괴롭고 슬펐다. 말하는 것은 고통이었다. 이제야 겨우 말하는 즐거움을 알게 되었다. 주말마다 문화센터에서 하는 키즈 스피치 강의를 나갔는데, 처음에는 4명밖에 되지 않았지만 어느새 12명으로 늘었다.

수강생 중에 여섯 살 유치부 여자아이가 말했다.

"선생님 스피치 수업이 제일 재미있어요."

정말 기분 좋은 말이다. 아이는 앞에 나가 말하는 게 부끄러웠는데, 이제는 자신이 생겼다고 한다. 수업 때마다 "사랑해요, 고마워요."라고 삐뚤빼뚤한 글씨로 편지를 적어준다. 어떤 날은 그림도 그려오고, 편지를 못 쓴 날은 연습장을 찢어 내 이름 옆에 하트를 그려 손에 쥐어주고 간다.

나도 어릴 때 이런 수업을 들었으면 발표불안이 없어졌을까?

이런 생각에 키즈 스피치를 대충 할 수가 없다. 나처럼 어른이 되어서도 말하는 것이 힘들지 않도록 도움이 되고 싶다.

발표불안은 내 인생에서 가장 커다란 위기였다. 하지만 나중에 스피치의 매력을 알게 된 뒤에는 그것이 기회였다는 걸 깨달았다. 마치 열심히 스피치를 갈고 닦으라고 내게 발표불안을 안겨준 것만 같은 생각이 든다.

이제 사람들 앞에서 말을 하는 것은 나의 행복이고 즐거움이다. 말은 나를 살아 있게 한다.

우리는 매일 말을 하지만 특별히 즐겁다고 느끼지 못한다. 발표불안을 극복한 지금 비로소 말을 할 때 행복함을 알게 되었다. 내가 정말 살아 있다고 느낀다. 다른 사람도 미처 깨닫지 못했던 말의 즐거움을 알게 되기를 바란다.

학창시절,
내 인생에서 지우고 싶었던 시간들

내 고향은 경남 고성이다. 바다와 산과 들이 아주 조화롭게 펼쳐진 살기 좋은 곳이다. 고성은 산과 바다로 둘러싸인 반도러 통영과 창원 중간에 위치해 있다. 공룡 발자국으로 최근에 많이 알려지긴 했지만, 고성 출신이라고 하면 대부분의 사람은 거기가어디냐고 물어본다. 강원도 북쪽에도 고성이란 지명이 있어 헷갈리기도 한다.

초등학교 친구 대부분은 유치원부터 중학교 때까지 같은 학교에 다녔다. 우리 엄마는 내 친구 이름만 얘기해도 그 친구의 부모님 이름까지 알 정도였다. 한 번씩 소식이 궁금한 친구가 있으면 나는 친구들이 아니라 엄마에게 묻는다.

"엄마, 내 친구 ○○이 결혼했어?"

"재작년에 갔지."

나도 모르게 시집을 간 경우도 있었다. 중학교 때까지는 새 친구를 사귈 필요가 없었다. 친구는 학년이 올라가도 계속 같은 반이었다. 단짝 친구는 한 번씩 바뀔지언정 친구들은 전학을 가는 한두 명을 빼고는 대부분 십년지기였다. 어쩌면 이런 특수성이 내 발표불안을 치료하기 힘들게 만들었을지도 모르겠다.

적극적으로 고쳐볼 생각을 안 했다. 친구들은 내가 초등학교 때 얼마나 활달한 성격이었는지 알고 있으니 굳이 나서서 나는 발표울렁증이 아니라고 외칠 필요가 없었다. "이 또한 지나가리라." 학창시절 누구에게나 오는 사춘기 방황처럼 왔다가 홀연히 지나가 버릴 것이라고 믿었다. 믿고 싶었다는 표현이 맞겠다. 하지만 아무리 시간이 지나도 발표불안은 없어지지 않고 그림자처럼 나에게 꼭 붙어 있었다.

초등학교 시절 옆 동네에 수줍음 많은 친구가 한 명 있었다. 그친구는 초등학교 3학년 때부터 발표할 때마다 목소리가 떨렸다. 키도 크고 얼굴도 잘생기고 성격도 좋았는데, 이 친구는 앞에 나가서 발표하는 시간마다 어김없이 염소 소리를 냈다. 하지만 아무도 그 친구의 목소리에 대해 지적을 하거나 왜 그런지 묻는 사람은 없었다. 선생님조차 관심을 보이지 않았다. 친구가 상처받을까봐 조심스러웠는지도 모르겠지만 아무도 그 친구의 목소리가 왜 떨리는지 신경 쓰지 않았다.

나는 그 친구의 떨리는 목소리에 관심을 가지고 있는 유일한 사람이었다. 그 친구 차례가 되면 나는 하던 일을 멈추고 그 친구가 실수하게 되는 걸 기다렸다. 전혀 관심 없는 척 했지만 속으로는 선생님이 그 친구를 지목해서 친구가 망신당하길 바랐다.

"역시 또 목소리가 떨리잖아!"

친구가 실수하면 그제야 다른 일에 집중할 수 있었다.

어쩌면 나는 벌을 받는지도 모르겠다. 친구의 불행을 고소해 하던 철없던 초등학생에게 내려진 벌. 그 벌은 아주 가혹했고 무시무시했다.

아버지는 초등학교만 나오셨다. 초등학교를 졸업하자마자 할아버지의 농사일을 도왔다. 어려운 가정 형편 때문에 중학교는 근처에도 못 가봤다고 한다. 아버지는 사춘기시절에도 반항 한 번 하지 않고 평생 농사를 천직으로 알고 살았다.

하지만 자신이 제대로 공부를 못한 것이 평생 한이 되어 아버지는 언니가 중학교를 마치자 창원에 있는 고등학교를 보냈다. 나 역시 언니를 따라 고등학교 진학과 동시에 창원으로 왔다.

학교에 입학한 첫날이었다. 1999년 3월, 그날의 창원은 꽤 쌀쌀했다. 나는 한눈에 봐도 촌티가 줄줄 흘렀다. 입학식을 마치고 담임선생님의 안내에 따라 한 줄로 서서 이동했다. 그리고는 복도 끝에 1학년 11반이라는 팻말이 걸린 낯선 교실로 들어섰다. 학급이 하나밖에 없었던 시골에서 17반까지 있는 큰 학교로 오니 "역시 사람은 큰물에서 놀아야 하는 거로구나." 하는 생각이 들었다.

친구들은 날씨만큼이나 쌀쌀맞게 느껴졌다. 10년 동안 친구를 사귀어 볼 기회나 필요조차 없었던 나는 위기감을 느꼈다. 내가 아는 사람이 반에 한 사람도 없었다. 나에게 말을 걸어오는 친구도 없었다. 점심을 혼자 먹을 생각을 하니 소름이 끼쳤다. 세련된 도시 아이들에 비해 나는 겉으로 보기에도 촌스럽기 그지없었다. 같은 경남권이었지만 내가 쓰는 말투는 바닷가 지역 특유의 강한 억양이 배어 있었는데 반해 창원 사람들은 서울말처럼 부드러운 말씨를 썼다. 등교 첫날 하루 종일 입도 뻥긋하지 못하고 집으로 왔다.

나의 유일한 낙은 학교가 끝나고 엄마와 통화하는 것이었다. 소심한 성격이 더욱더 소심해졌다. 전화로 하는 이야기는 딱 한 가지였다.

"전학시켜 주세요."

엄마는 단호하게, 그리고 어떤 때는 타이르 듯이 나를 설득했다. 그러던 어느 날 중학교 때 단짝 친구 한 명이 다시 고성으로 전학을 왔다는 이야기를 들었다. 그 친구도 나처럼 적응을 못했을까?

나도 고성으로 전학을 가고 싶었다. 하지만 부모님은 허락하지 않았다.

그리고 그동안 억누르고 있던 감정이 폭발하게 되는 계기가 있었다. 체육수업 시간이었다. 그날은 체육복 준비를 잊어서 아침부터 기분이 좋지 않았는데, 체육복을 빌릴 만한 친한 친구 하나

없는 자신이 초라하고 미웠다. 체육 선생님께 야단을 맞지는 않았지만 홀로 고립되어 있는 듯한 외로움과 소외감이 발표불안에 따른 소심한 성격과 상승작용을 일으키며 몇 달 동안 억지로 견뎌왔던 스트레스가 폭발한 것이다.

체육선생님은 우리 반 친구들을 운동장에 모아놓고 준비운동을 시켰는데, 내가 알던 국민체조가 아니라 새로 나왔다는 새천년 건강체조 음악이 흘러나왔다. 나를 제외한 친구들은 모두 그 체조를 알고 있었다. 그 순간 유치원 학예회에서 혼자만 틀린 동작을 취하고 있는 어린아이가 되어 버렸다. 마치 바보가 된 것 같았다. 그리고 곪고 곪았던 상처가 터져버렸다.

더이상 견딜 수 없었던 나는 조퇴를 하고, 엄마에게 전화를 걸어 엉엉 울었다. 그제야 부모님도 비로소 내가 심각한 상황에 놓여 있다는 걸 깨달으셨다.

부모님은 모든 일을 제쳐두고 달려오셨다. 그리고 아버지 트럭을 타고 곧바로 정신과 병원으로 갔다. 그동안 전화를 할 때마다 했던 내 모든 말들을 무심코 넘기셨을 부모님이 원망스러웠다. 그저 투정을 부리는 것 정도로만 생각하는 엄마에게 내가 얼마나 견디기 힘든 상황에 놓여 있는지 그 심각성을 알리고 싶었다.

병원에 도착하니 할머니, 할아버지들이 입구부터 줄을 서 있었다. 평일이 맞나 싶을 정도로 환자들이 많았다. 마침 환자복을 입은 젊은 여자가 휠체어를 타고 내 앞을 지나갔다. '이 여자도 정신병이 있나?' 나는 진료를 받기도 전인데 정신병자가 된 기분에 사로잡혔다.

신경정신과 의사를 만나려면 문진표를 작성해야 했다.

"귀신이 보입니까? 환청이 들립니까?"

이러한 문항도 있었다. 내 상황이 심각하다는 걸 좀 알아주었으면 해서 모두 다 "예"로 체크했다. 한참 뒤에 알게 된 사실인데, 의사는 엄마에게 "사람 구실 못하겠다고 입원시켜야 한다."고 했단다.

그날 이후로 부모님은 내 말에 진심으로 귀를 기울여 들어주셨다. 하지만 전학을 하는 것만은 절대 안 된다고 했다.

그날부터 정신과에서 받아온 약을 먹었다. 약은 별 효과가 없었지만 부모님이 신경을 써 주는 게 좋아서 당분간 먹기로 했다.

학년이 올라가며 친한 친구들이 한두 명 생겼다. 소심한 성격은 여전했지만 입시가 중요해지면서 수업시간에 책 읽기를 시키는 선생님이 드물어진 것은 좋았다. 고등학교 2학년이 되면서 나름 노하우가 생겨서 발표불안을 어느 정도 숨길 수도 있었다. 그리고 고3이 되자 선생님들은 책 읽기를 거의 시키지 않았다.

빨리 졸업을 하고 대학교에 가고 싶었다. 대학교에 가서도 설마 책 읽기를 시키겠어? 텔레비전에서 봤던 교수님은 혼자서 수업을 했다. 그리고 듣기 싫은 수업은 수강을 안 해도 된다고 들었다. 이 얼마나 멋진 시스템인가! 빨리 대학생이 되고 싶었다.

학창시절 내내 사람들 앞에 나서는 모든 자리를 철저히 피했다. 발표불안이 있는지 없는지 신경을 안 썼다. 그냥 모른 척하고만 싶었다. 어쩌다 한 번씩 사람들 앞에서 이야기를 해야 하는 기회, 단 1분에 불과한 그 시간이 내게는 지옥을 가로지르는 시간이었다.

신경정신과에서 받아온 약을 먹으며 혹시나 사라지지는 않을까 기대했던 발표불안은 그대로였다. 잊을 만하면 갑작스레 튀어나와 나를 자괴감 속으로 몰아넣었다.

사람들은 학창시절을 대부분 소중한 추억으로 떠올리며 그렇게 말하지만 내게는 인생에서 지우고 싶은 시간이다. 되돌리기에 너무 멀리 와버린 것 같았다. 아무리 고치려고 해도 몸이 알아서 자동적으로 떨렸고, 목소리가 떨렸고, 혀가 굳었고, 머리가 백지장처럼 하얗게 지워졌다. 내가 살아온 시간의 절반 이상을 발표불안과 함께 했다. 쉽게 사라지지도 떨쳐지지도 않았다.

처음부터 잘못 꿰어진 단추처럼 내 인생이 잘못 돌아가는 기분이 들어서 슬펐다. 다른 사람들은 고등학교 시절을 떠올리며 추억에 젖지만 나는 악몽 같은 시간이었다. 그래서 추억도, 친한 친구도 없다. 흔히 과거의 기억은 미화된다고 하지만 그때의 기억은 여전히 아프고 쓰리다.

아, 차라리 사표라도 내야 하나?

내 인생에서 가장 큰 갈림길을 꼽으라고 하면 단연코 대학수능이라고 하겠다. 대개 대학교를 선택할 즈음부터 미래의 직업이 달라지고 경제적인 수준에서 차이가 나게 된다. 안타깝게도 나는 대입 수능시험을 완벽하게 망쳤다. 서울에 있는 좋은 대학을 목표로 할 정도로 우수한 성적은 아니었으나 성적이 좋은 친구들과 어울리며 열심히 노력하는 편이었다.

학창시절 내내 성적은 평균 이상을 유지했으나 정작 수능시험에서는 평소에 비해서도 한참 밑도는 성적을 받았다. 자신이 꿈에 그리던 대학교로 진학을 하게 된 친구들에게 축하 인사를 건넸지만 쓸쓸한 마음은 쉽게 달래지지 않았다.

초등학교 1학년부터 줄곧 내 꿈은 선생님이었다. 초등학교 선생님, 영어 선생님 등 머리가 커지면서 조금씩 바뀌긴 했지만 늘 변함없이 선생님이 되고 싶었다. 교단에서 학생들을 가르치는 일은 내가 항상 꿈꿔 온 직업이었다. 운이 좋게도 어린 시절 좋은 선생님들을 많이 만났고, 학생 수가 적어서 선생님들의 관심과 사랑을 많을 수 있었던 영향도 있었을 거다.

교대에 가려면 어쩔 수 없이 재수를 해야 했다. 빌고 또 빌어보았지만 아버지의 생각은 완고했다.

"재수를 할끼모 공장에나 가삐라. 아니모 식당에서 설거지를 허든가."

평생 농사만 지으며 살아오신 아버지에게 재수는 어림도 없는 이야기였다. 재수를 하려면 빨리 취직해서 돈이나 벌라는 게 아버지 요구였다. 아마 단식투쟁이라도 했다면 아버지의 고집을 꺾을 수 있었을 것이지만 나는 더이상 아버지를 설득하는 걸 포기하고 말았다. 발표불안을 가지고 있는 나에게 대해 생각해보고 나서였다. 초등학교 선생님이 된 내 모습을 떠올려 보자, 아이들 앞에서 자신감 없이 덜덜 떠는 초라한 모습이 그려졌다. 교생 실습도 학부모 참관수업도 해야 한다. 내가 두려워 하는 일이었다.

재수를 반대하는 아버지를 핑계로 나는 또다시 발표불안으로부터 도망을 쳤다. 엄마는 지금도 아버지 똥고집 때문에 내가 교대에 가지 못했다고 생각하시지만 인생의 기로에서 막상 교단으로부터 도망친 것은 나 자신이었다.

내가 교사의 꿈을 접은 것은 결국 발표불안 때문이었다. 사실 그전부터 발표불안을 가지고는 아이들을 가르치는 선생님이 될 수 없다는 것을 알고 있었다. 단지 나 스스로 인정하기 싫었을 뿐이었다.

부모님에게 반항이라도 하듯 한 번도 생각해본 적 없던 전문대학에 원서를 썼다. 지금이야 취업도 잘 되고 전문기술 습득에 유리해서 인기가 좋다. 하지만 당시 전문대는 인식이 그다지 좋지 않았다.

입시 원서를 내기 위해 시내버스를 타고 꼬불꼬불한 길을 한참 달렸다. 시내에서는 비가 내렸는데, 학교와 가까워질수록 눈발로 바뀌었다. 학교는 산 속에 있었다. 그리고 길은 가팔랐다. 이런 곳으로 매일 등교해야 한다고 생각하자 한숨이 나왔다. 마음을 삐딱하게 먹으니 모든 것이 다 안 좋게 보였다.

결국 그 대학에 합격을 하고 입학식 날이 되었다. 입학식을 한 후에 학과별로 나뉘어 3학년 과대라는 사람을 따라 강의실로 이동했는데, 여자처럼 예쁘장하게 잘생긴 학회장이 우리들을 보면서 인사를 했다. 사실 잘생긴 외모보다도 어쩜 말을 저리도 잘 할까 하는 부러운 생각이 들었다. 딱 한 번만이라도 그렇게 말을 잘 해보고 싶었다. 죽기 전에 그런 날이 올 것 같지는 않았다.

고등학교 때는 발표불안과 어쩔 수 없이 마주해야 했다면, 대학교부터는 이런저런 핑계를 대며 피하는 것이 가능했다.

방심하던 찰나 학과 첫 수업 때 교수님은 수업 대신 학생들에게 먼저 자기소개를 시켰다. 심장이 두근거리다 못해 밖으로 튀어나올 것 같았다. 내 고향과 나이 이름만 이야기하면 되었음에도 식은땀이 줄줄 흘렀다. 80명이나 되는 사람들 앞에서 내가 뭐라고 하는지도 모른 채 속사포 랩처럼 소개를 하고 자리에 앉았다.

이제 나는 최대 관문을 통과했다. 고등학교 때처럼 책 읽기를 시키는 사람이 없다는 것이 제일 좋았다. 내 예상대로 발표불안을 신경 쓰지 않아도 될 정도로 사람들 앞에 나설 기회는 별로 없었다. 딱 한 번 문학수업 시간에 지목을 당하긴 했으나 남들에게 들리지도 않을 만큼 작은 목소리로 읽고 넘어갔다. 대학생이라서 그런지 핀잔을 주는 사람은 없었다.

조를 짜서 해야 하는 과제는 팀에 꼭 하나씩 발표는 잘하는 사람이 있었다. 얼마나 다행이었던지. 심장이 두근거리는 위기가 한두 번 있기는 했지만 공식적인 자리에 서야 하는 일 없이 대학생활은 그렇게 지나갔다.

대학교 졸업 후에 근처 대학병원에 공개채용 공고가 났다. 다행히 서류전형과 필기시험을 모두 통과하고 면접만 남겨놓았다. 남들 앞에 나서본 지가 하도 오래 되어서 언제였는지 기억도 안 났다. 하지만 혹시나 나도 모르는 사이에 발표불안이 없어졌을 수도 있지 않은가! 그동안 분식집 아르바이트도 해보고 백화점에서 물건을 팔아본 적도 있으니깐 어쩌면 거짓말처럼 하나도 떨지 않고 잘 할 수 있을지도 모를 일이다.

기대 반 걱정 반으로 면접을 준비했다. 준비라고 할 것도 없었다. 간단한 자기소개를 줄줄 외우고 갔다. 지금이야 면접을 대비해 스피치학원에 등록해 연습을 하는 일도 많지만 15년 전에는 그런 학원도 없었다.

나는 이렇다 할 후광도 뛰어난 스펙도 가지고 있지 않았다. 이제껏 해온 모습들을 떠올려보면 마음을 비우고 욕심을 버려야 했다. 3대 1의 경쟁률이었다. 내가 속한 조는 나와 남자 다섯 명이었다. 수험번호 순서 대로 들어가다 보니 내 자리는 중간쯤이었다. 첫 번째가 아니라서 다행이라는 생각이 들었던 것도 잠시 첫 번째 사람은 아무런 압박감도 느끼지 못하는 듯 쏟아지는 질문에 능숙하게 대답했다. 내 차례가 다가올수록 주눅이 들고 가슴이 조여 왔다. 나는 다행히 많은 질문을 받지는 않았는데, 두 다리가 하도 후들거려서 합격하지 않아도 되니깐 빨리 이곳에서 뛰쳐나가고 싶다는 생각만 들었다. 내게 질문을 하지 않는다는 것은 내가 불합격을 했다는 의미이기도 했다.

1분 정도 자기소개 한마디 짧게 했는데, 얼굴 근육이 마비가 되는 듯했다. 혹시나 했던 발표불안은 여전히 나와 함께였다. 오랜만에 발표불안의 강렬함을 느꼈다. 면접관들 앞에서 서 있으니 허허벌판에 발가벗겨진 기분이 들었다. 역시 내게 대학병원은 무리라는 생각이 들었다.

면접은 그렇게 끝이 났다. 내 민낯을 완전히 드러낸 채로 면접장을 떠나면서 조금은 씁쓸한 기분이 들었지만 좋은 경험이라고 생각하기로 했다. 혹시나 하는 작은 욕심을 가져본 탓이었다.

그로부터 2주 뒤, 기대하지도 않았던 합격통지를 받았다.

"뭐라고? 내가 왜 뽑혔지?"하는 생각이 들었다. 나중에 알게 된 바에 의하면 필기시험이 딱 영어 한 과목이었는데, 거기서 내 성적이 꽤 우수해 합격할 수 있었다고 했다. 아마 영어시험이 아 닌 전공시험으로 치러졌다면 나는 당연히 불합격이었을 것이다. 내가 입사하고 난 이후부터는 필기시험이 전공과목으로 대체되 었다고 하니 정말 운이 좋게도 그렇게 그해 내가 꿈에 그리던 대 학병원에 입사할 수 있었던 것이다. 아무리 면접을 망쳤다 해도 필기시험 점수는 무시해버릴 수 없었던 것 같다.

입사를 했다고 해서 모든 게 끝난 것이 아니었다. 대학병원은 콘퍼런스를 수시로 했다. 직원들이 돌아가면서 질병에 대해 연구 하고 발표했다. 이런 콘퍼런스 시간은 나에게 큰 스트레스였다. 남들이 발표하는 것을 보는 것도 불편했다. 언젠가는 저 자리에 서 나도 발표를 해야 한다는 생각에 다시 또 우울해졌다. 면접 때 말을 아주 잘했던 두 사람은 내 동기가 되었다. 그들은 정말 내가 좌절감을 느낄 정도로 못하는 것이 없었다. 흔히 말하는 엄친아 스타일이었다. 콘퍼런스도 완벽하다 싶을 정도로 잘했다. 이런 유전자는 따로 있을까? 부럽고 질투가 났다.

과에서 하는 콘퍼런스에서 내 차례가 점점 다가왔다. 다른 사 람들은 까짓 거 뭐 별거 아니라고 생각할 수 있다. 하지만 나는 한 달 전부터 걱정이 되어 입맛을 잃었다. 퇴사까지 심각하게 고 민했다. 어렵게 들어갔고 많은 사람들이 들어오고 싶어 하는 직장을 이렇게 쉽게 그만둘 생각을 했다. 그만큼 나에게는 퇴사를 생각할 정도로 큰 부담이었다. 거의 매일 콘퍼런스를 하는 꿈을 꾸었고, 꿈에서 사람들은 나를 마구 비웃었다. 꿈에서 깨면 그전보다 자신감이 떨어졌다. 많은 사람들 앞에서 덜덜이가 되고 싶지 않았다. 무능력한 나 자신을 직장 동료에게 보여주고 싶지 않았다. 막다른 길에 섰다. 도망갈 곳은 없었다. 한 달 전부터 맹연습에 들어갔다. 발표 일주일 전에는 모의 연습을 하기로 했다. 청중도 필요했다. 나와 같이 입사한 여자 동기에게 부탁했다. 과 내 회의실에서 실제처럼 연습했다. 한 명을 앞에 두고 하는 프레젠테이션은 떨리지 않았다.

드디어 내가 콘퍼런스를 하는 날이 되었다. 웅변학원에서 배운 대로 미지근한 물을 한 컵 떠서 컴퓨터 앞에 놓았다. 물은 목을 촉촉하게 만드는 역할도 하고, 자연스럽게 발표를 잠시 끊을 때 도구로 쓰기도 한다.

사람들보다 먼저 도착해서 이것저것 준비를 하니 떨리면서 동시에 기쁘기도 했다. 이번만 잘하면 앞으로 2년은 콘퍼런스 걱정을 하지 않아도 된다. 나는 발표불안 중에서도 발표를 하기 전에 떨리는 예기 불안이 심했다. 사람들이 하나 둘 강의실 안으로 오자 다시 심장이 터져 버릴 것 같았다. 여자 동기에게 혹시나 내가 발표 중에 기절하면 심폐소생술을 해달라고 농담을 했다. 이럴 때는 병원에 근무하는 게 다행이라고 생각했다. 발표 중에 기절해도 죽지는 않겠구나.

"안녕하십니까? 0월 00일 콘퍼런스를 맡은 유주영입니다."

첫 멘트를 시작했다. 떨리긴 했으나 책 읽기처럼 목소리가 염소처럼 나오지는 않았다. 시작과 동시에 아주 **빠른** 속도로 줄줄줄 말을 했다. 조금이라도 **빨리** 마치고 홀가분한 기분을 느끼고 싶었다. 하도 연습을 많이 해서 멘트를 다 외우고 있었다.

"하느님 부처님 감사합니다."

이 발표만 무사히 마치면 정말 열심히 교회랑 절에 다니겠다고 다짐했다. 보통 10분 정도 걸리는 발표가 나는 5분 정도 소요되었다고 한다. 이런 내 모습이 탐탁지 않았는지 팀장은 나에게 핀잔을 주었다.

"이렇게 발표하면 안 됩니다. 들어가세요."

나에게 집중되어 있던 사람들의 시선이 다시 팀장에게로 넘어갔다. 발표가 엉성했다고 지적을 받았음에도 정작 나는 기분이 날아갈 듯 좋았다. 생각보다 많이 안 떨고 발표를 마치게 된 것 자체로 행복해졌다. 발표가 끝나자 내 볼은 빨갛게 달아올라 열이 났다. 손이랑 온몸이 로봇처럼 **뻣뻣했다**.

남들에게 오늘 내 콘퍼런스는 실패로 보였을지도 모른다. 하지만 나에게는 작은 성공이었다. 비록 살짝 떨렸지만 평소보다 잘한 것은 분명했다. 내가 예상한 것보다 덜 떨었다. 문득 초등학교 시절 웅변대회에서 상을 받았던 예전의 내 모습이 떠올랐다.

"사람들 앞에서 말하는 것은 기쁨이었는데, 다시 예전으로 돌아갈 수 없을까?"

Chapter. 3

필사의 탈출을 위하여

제1단계, 발표불안을 인정하라!

내가 오랜 시간 동안 발표불안과 작별할 수 없었던 가장 큰 이유가 있다. 그것은 바로 발표불안을 인정하지 않았기 때문이다. 평소 완벽주의자로 일을 처리하는 성격이라 사람들 앞에 나서서 벌벌 떠는 내 모습은 생각만 해도 끔찍했다. 그런 모습을, 내 상태를 사람들에게 들키기 싫었다. 대충 적당히 핑계를 둘러대거나 가끔 사람들 앞에 서야 하는 기회가 오면 피했다.

만약 어떤 사람이 암에 걸렸다고 치자. 처음에는 슬프고 우울한 감정이 든다. 그다음 암에 걸렸다는 현실을 부정한다. 다른 병원에 찾아가서 다시 검사를 받든지 병을 진단한 의사를 돌팔이라고 생각한다.

그러다가 자신이 암에 걸렸다는 사실에 분노하고 결국 나중에는 이 모든 것을 받아들이고 수용하고 인정하게 된다. 나는 암환자로 치면 우울-분노-부정에 이르는 단계까지는 거쳤지만 수용하고 인정은 하지 않은 셈이다.

나는 사람들 앞에서 떠는 나의 모습은 늘 내가 아니라고 생각했다. 진짜의 나는 말을 아주 멋들어지게 잘하는 사람이고, 덜덜 떠는 내 모습은 가짜라고 생각했다. 기다리면 언젠가는 내 본모습으로 돌아올 거라고, 말할 때 떠는 것도 나고 떨지 않는 것도 나인데, 있는 그대로의 모습을 스스로 인정하지 못했던 것이다.

베스트셀러인 팀 패리스가 쓴 『마흔이 되기 전에』라는 책을 보았다. 상처를 치유하는 유일한 방법은 드러내는 것이라고 역설하고 있었다. 사실 사람들에게 "저는 발표불안이 있어요." "사람들 앞에서 말하는 게 너무 떨리고 두려워요."라고 밝히기까지 너무 두려웠다. "저 이혼했어요." 혹은 "저는 돈이 없어요."라고 이야기하는 것이 차라리 쉬웠다.

평소에 밝고 명랑하며 똑 부러진다는 평을 듣는 내가 일어서서 책을 읽으며 덜덜덜 떠는 모습은 전혀 어울리지 않았다. 많은 사람들이 그렇겠지만 남들 눈에 비치게 될 자신의 모습에 대해 항상 신경이 쓰인다.

예전에는 남들이 나를 어떻게 생각하는지가 내게는 너무나 중요했다. 남들 앞에서 나의 떠는 모습을 보여준 날이면 자책하고 우울해 했다. 하지만 남들은 내 일에 그렇게 관심이 없었다. 스피치 동호회에 나가는 것을 사람들에게 말하기까지 정말 어려웠다. 마치 내가 레즈비언이라고 커밍아웃하는 기분이었다. 내가 도둑

질을 했다고 고백하는 것처럼 수치스러웠다.

하지만 그토록 어렵게 이야기를 꺼냈던 것과는 달리 주변 사람들은 이런 나를 이해하지 못 하면서도 별로 신경 쓰지 않았다. 그랬다. 나 혼자서만 부끄러워하고 신경을 쓰고 있었다. 나는 스피치의 '스' 자만 꺼내도 괜히 찔려서 딴청을 피웠는데, 정작 남들은 조금도 신경 쓰지 않았다.

발표불안은 정도의 차이만 있을 뿐 대부분의 사람들이 가지고 있다. 그래서 이제는 자신 있게 내가 발표불안임을 당당하게 고백할 수 있게 되었다.

직장 동료에게 처음 발표불안에 대해 어렵게 이야기를 꺼냈을 때, 비로소 마음이 홀가분해졌다. 마치 큰 죄라도 지은 범죄자가 고해성사를 하듯 나는 심각한 발표불안이 있다고 말했다. 전에는 이것이 잘못된 일인 것처럼 느껴졌다. 직장 동료와 나는 그때 서로 알게 된 지 한 달 정도 되었고, 속마음을 털어놓을 정도로 친분이 두텁지도 않았다. 오히려 이런 점이 내 비밀을 말할 수 있는 용기를 주었던 것 같다. 오랫동안 알고 지낸 사람들은 내가 이런 얘기를 하면 너 답지 않다거나 핀잔을 줄 것이 뻔했다.

나는 어렵게 꺼낸 이야기였지만 직장동료는 그게 뭐 대수냐는 듯한 표정이었다. 그녀는 내 이야기를 다 듣고 나서, "음~ 그렇구나."라고 했다. 그게 다였다.

"뭐지? 왜 이렇게 싱거워?"

아주 힘들게 이야기를 꺼낸 보람이 없어져 버렸다.

그 뒤로 내 소개를 할 때면 "저는 덜덜이입니다."라고 자신 있게 발표불안에 대해 이야기할 수 있었다. 이것은 죄가 아니다. 당신 잘못이 아니다. 단지 남들보다 더 어떠한 일을 잘하고 싶어하는 당신의 아름다운 마음이다. 남들은 주어진 일을 대충대충 처리하지만, 당신은 더 잘하려고 노력하다가 그렇게 된 것이다. 그러니 발표불안은 부끄러운 것이 아니다. 떨면 좀 어떤가! 내가 떤다고 지구가 망하는 것도, 회사에서 잘리지도 않는다. 그리고 이쪽팔림의 기억은 사람들 머릿속에 그렇게 오래 남지도 않는다.

내가 경험한 바로는 진짜 죽고 싶을 정도로 사람들 앞에서 사시나무처럼 떨고 내려온 날이 있었다. 그날 밤새 이불 킥을 해댔으나 뒷날 회사에서 나에 대해 수군거리는 사람은 단 한 명도 없었다. 그리고 나의 기억에서도 한 일주일쯤 머물다 사라졌다.

사람들은 나에 대해 그렇게 신경을 쓰지 않는다. 그러니 발표할 기회를 연습무대라고 생각해 버리면 된다. 몇 번 제대로 떨다 보면 뭐 조금 떨면 어때, 하는 생각이 생긴다. 그래야 스피치가 느는 법이다. 나를 쿨 하게 인정하고 받아들여야 한다. 이것이 스피치의 제1단계다. 달달 떠는 내 모습을 인정하고 받아들여야 발전하는 나의 모습이 그려질 수 있다.

발표불안은 암처럼 생명이 왔다 갔다 하는 치명적인 문제가 아니다. 그냥 마음만 한 번 바꿔먹으면 된다. 주위에서 가장 친한 사람에게 이야기하고 반응을 살펴보길 바란다.

"나 사실 발표불안이야."

여기서 분명하게 말할 수 있는 것은 상대가 그렇게 심각하게 받아들이지 않을 것이란 점이다.

자, 이제 여러분은 스피치의 첫 단계를 통과하게 되었다. 이제 가장 어렵고 힘든 일을 했으니 남은 일들을 처리하면 된다. 그건 생각보다 힘들지 않다. 나도 이것을 받아들이는 단계가 제일 힘들었다.

다음으로는 발표불안을 가진 나에 대해 더 자세히 알아야 했다. 빈 종이를 한 장 꺼내서 나의 실체를 적어나간다. 내가 사람들의 주목을 받아 떨릴 때의 증상을 적어보기로 했다.

목소리가 떨리고, 손이 떨리고 얼굴이 빨개진다. 사람들이 나를 쳐다보면 나는 거의 울기 일보직전의 상황이 된다. 동물원 원숭이를 보는듯한 눈빛들, 친한 친구들이 안타까워하는 모습들이 펼쳐진다. 마주하고 싶지 않아 고개를 떨구고, 나는 비바람에 곧 꺼져버릴 듯한 촛불이 된다. 최대한 빨리 이 시간이 지나가기를! 그리고 이런 순간들과 다시는 마주치지 않겠다는 분노와 원망들….

나의 지난날이 스쳐 지나갔다. 이런 일들을 반복하며 지내왔던 과거들이 떠올랐다. 이런 기억들을 꺼내는 것은 마치 내 상처를 들추어 소금을 뿌리는 기분이다.

아무리 그때의 초라했던 나를 안아주려고 해도 못나고 미운 모습들과 시리고 아픈 모습들만 가득했다.

나는 20년 동안이나 발표불안 때문에 힘겨워했던 사람이었다. 그리고 "그건 별거 아니야."라고 생각하게 된 순간부터 마음의 평화가 찾아왔다. 또한 나의 증상에 대해 웃으며 이야기를 할 수 있게 되었다. "방금 나 떠는 거 봤어? 다리 떠는 거 봤어?"

남들은 나의 일에 관심이 적다. 내가 생각하는 것만큼 남들 눈에는 내가 떠는 게 티도 안 났다. 살짝 불안한 모습을 보여도 아무도 나를 비웃지 않는다. 다만 내가 남들의 시선을 과하게 의식할 뿐. 그러니 주위 사람들에게 나의 발표불안에 대해 당당히 이야기하길 바란다.

이 미션 하나만으로도 마음의 자유를 얻을 것이다. 혹시나 남이 내 이야기를 비웃거나 놀린다고 해도 속상해 하지 않았으면 좋겠다. 나는 이야기하는 게 목적이지 듣는 사람의 반응까지 신경을 쓸 필요까지는 없으니까 말이다.

며칠 전 회식을 할 때 사회를 맡았다. 모든 행사가 다 끝나고 사람들 앞에서 당당하게 이야기할 수 있었다.

"저 사실 무대 울렁증이 심각합니다. 거의 환자예요."

사람들은 "네가?"라며 크게 웃었다. 나도 따라 웃었다.

지금은 발표불안이 있다는 사실을 이야기하는 게 전혀 수치스럽지 않지만 그때는 그게 너무나 인정하기 싫었다. 아마도 내가 발표불안을 극복하는 과정에서 한 단계 성장했다는 증거인 것 같다.

나는 스피치를 시작하고 단 3년 만에 사람들에게 웃으며 발표 불안에 대해 이야기할 수 있었다. 무려 20년 동안이나 끙끙거리며 힘들어 했던 게 참 무색해질 만큼 말이다.

발표불안으로 고민했던 예전의 내가 고맙고 사랑스럽다. 포기하지 않고 열심히 노력해 준 과거의 유주영에게 박수를 쳐 주고 싶은 날이다. 그동안 너는 잘못한 게 없다고, 네가 할 수 있는 최선을 다했고, 도망을 치느라 고생했다고 말이다.

힘들었던 시기가 있었기에 극복하겠다는 결심 또한 하게 되었다. 과거에 겪었던 모든 고통스러운 일들이 거름이 되었기에 가능한 일이었다. 그리고 이제는 발표불안에 대해 어디서든 당당하게 웃으며 말할 수 있을 정도로 성장할 수 있었다.

발표불안 트리거

인터넷에서 책을 검색하다가 우연히 공지영 작가의 『괜찮다, 다 괜찮다』라는 책을 알게 되었다. 제목 한번 멋지게 지었다. 책 제목만 읽었는데도 나 자신에게 괜찮다고 토닥토닥 해 주는 느낌이었다.

공지영 씨는 이혼을 세 번 했다. 그리고 세 아이의 아버지가 다 다른 사람이다. 그녀는 이혼이 부끄러운 것은 아니라고 하지만 그렇다고 자랑거리도 아니어서 1년 동안은 이혼한 것을 숨겼다고 한다. 그러다 문득 '이것은 내 삶인데, 팔다리 세 개가 잘렸다고 이것을 숨기는 것은 도움이 될까? 차라리 사람들한테 당당하게 나 팔다리 없어, 라고 이야기 하자.'라는 생각이 들었다고 한다. 그랬더니 사람들은 '팔다리 없다더니 진짜 없네.'라면서 별로 대수롭지 않게 생각하더라는 것이다.

책을 읽고 난 뒤로 자신감이 생겼다.

그 글을 보고 결심했다. 나도 공지영 작가처럼 커밍아웃을 하기로 했다. 이왕 알게 될 거 내가 먼저 팔다리 없다고 이야기하기로 했다.

"여러분 저 이혼했어요."

내 이혼 사실에 대해 주변 사람들이 자연스럽게 사람들이 알게 되기를 바라서 굳이 이야기하지 않았던 것인데, 내 직장 동료들은 입이 정말 무거운 사람들인 것 같다. 이혼을 하고 1년이 다 되어가도록 내가 먼저 이야기를 꺼냈던 한두 사람을 빼고는 내가 이혼했다는 사실을 전혀 모르고 있었다.

공지영 씨의 책에 용기를 얻어 스스로 이혼한 것에 당당해지고 싶었다. 가끔씩 전남편 안부를 물어오면 나도 모르게 거짓말을 하거나 얼버무리는 나 자신이 너무나 싫었다.

그렇다고 회식 때 중대발표를 하듯이 공개적으로 말하기도 우스꽝스러운 일이었다. 오전에 바쁜 업무를 처리하고 팀장을 비롯한 중간 관리자 세 명과 동기 두 명에게 갔다. 각 방을 돌면서 이혼 사실을 내 나름대로 쿨 한 척 웃으며 이야기했다. 대부분의 사람들은 안타까워하면서도 축하해 주었다. 내 상황을 알고 있던 사람들은 오히려 잘 된 일이라고 말을 해 주었다.

나도 그렇게 생각하고 있었다. 이혼한 지 1년이 되어가지만 슬프거나 우울한 생각이 전혀 들지 않았다. 왜 진작 이혼을 하지 않았을까 싶었다.

8월 5일은 내 생일이다. 요즘은 굳이 내가 생일임을 알리지 않아도 SNS의 생일 목록을 보고 친구나 지인들로부터 커피나 케이크 같은 기프티콘이 날아오기도 한다. 참 좋은 세상에 살고 있구나! 내심 기분이 좋아진다. 생일날 아침 그날도 여느 때와 마찬가지로 분주하게 움직이고 있었다. 10시가 지난 시간, 직장상사로부터 카카오톡 메시지가 왔다.

"오늘이 진짜 네 생일이니?"

"네, 진짜 제 생일입니다."

"그럼, 조만간 밥이나 먹자."

"네."

요즘은 밴드니 카페니 SNS로 생일을 쉽게 알 수 있다. 그 직장상사도 우연히 내 생일 알람 글을 본 듯했다. 그래도 아침부터 축하해 주니 고마웠다. 가끔 음력, 양력생일이 실제랑 다른 경우가 있어서 '진짜'를 강조하며 내 생일을 물어본 것 같았다.

그로부터 며칠 뒤 직장상사와 밥을 먹게 되었다. 나이가 아버지뻘 정도로 많은 분이긴 하지만 왠지 단둘이 밥을 먹기는 좀 부담스러워 같이 일하던 동료 여직원과 같이 가겠다고 했다. 이유는 모르겠으나 그날 나 혼자만 나오라고 했다. 어색하긴 하겠지만 뭐 밥을 사주는 사람이 그렇게 이야기하니 알겠다고 했다.

그 당시에는 별로 이상한 생각도 없었다. 그 상사는 평소에 내가 모르는 업무를 도와주기도 했고, 사람들에게 싹싹하게 잘한다면서 자주 칭찬을 해 주기도 했었다. 그는 팀장 바로 밑에 있는 파트장이었는데, 팀장이 곧 정년퇴직을 앞두고 있어서 곧 그 자리로 승진될 예정이었다. 내 학교 선배이기도 했고, 내가 이혼한 사실을 듣고 안타까움을 전해 주던 사람 중 한 명이었다. 주말 근무를 마치고 퇴근할 때면 우리 아이들에게 먹이라면서 김밥도시락을 건네기도 했다. 잔정이 많은 사람이라고 생각했다. 그분도 이혼을 하고 딸 둘을 홀로 키워온지라 싱글맘이 되어 아이 둘을 키우고 있는 내가 기특해서 그런가보다라고 생각했다.

병원 근처 레스토랑에서 식사를 했다. 밥을 먹고 나오는 길에 공원에 산책을 가자고 했다. 그러더니 손을 잡자고 했고, 처음에는 장난인 줄 알고 장난으로 받아쳤다. 그러다가 차를 타고 가는 동안 야한 농담을 하면서 내 팔을 잡고 조몰락거렸다. 당황스러워서 정말 아무런 말도 안 나왔다. 사실 이게 성추행이라는 생각조차 미처 하지 못했다.

나는 화를 낼 수도 없었다. 10년 동안 직장에서 화를 내어 본적도 내 목소리를 낸 적도 없이 일만 했다. 분명히 이런 행위는 부당한 일이었지만 그 직장상사에게 하지 말라는 이야기를 할 수가 없었다. 그리고 그 직장상사도 자신이 잘못했다는 생각을 전혀하지 못했다. 마지막에 상사를 내려주면서도 웃어야 했다. 여기서 화를 내면 내 직장생활이 어떻게 될지 눈앞이 깜깜했다.

직장상사를 내려주고 엉엉 울었다. 출근하자마자 같은 파트

여직원에게 사실을 털어놓았다.

"선생님, 이건 범죄야."

그 말을 듣는 순간 내가 바보 같았다. 바로 뿌리치고 화를 냈어야 했는데, 왜 가만히 있었냐고 했다.

"그러게."

그러면 안 되는 줄 알았다. 나는 어디서든 타인에게 인정받으려고만 했다. 어릴 때는 그 대상이 부모님, 선생님이었고, 현재는 직장에서 상사에게 인정받으려고 애썼다. 나는 밝고 잘 웃는 사람이었다. 언제나 화를 내지 않는 양순한 사람이었다. 그러다가 이런 일을 당하고야 말았다. 처음에는 공개사과를 받는 것으로 마무리하려 했으나 그는 자신의 잘못을 전혀 인정하지 않았다. 예전의 나였다면 아무 일 없다는 듯 그냥 넘겼을 것이다. 그 사람도 내 성격을 잘 알고 있었다.

한 달 내내 술을 마셨다. 성추행을 당한 사실이 억울해서가 아니라 그때 하지 말라는 말 한마디를 못했던 나 자신이 미워서 견딜 수가 없었다. 며칠을 울다가 도저히 안 되겠다는 생각이 들었다. 살도 엄청 빠져 몸무게가 43kg까지 내려갔다.

굳은 결심을 하고 직장 내에서 성추행을 당한 사실을 신고했다. 그때부터 길고 긴 싸움이 시작되었다. 그 사람은 명예훼손으로 경찰서에 나를 고소했다. 처음 한두 달은 동료들도 이 일에 대해 관심을 기울였지만 사건이 지지부진해지자 더이상 관심을 두지 않았다.

성추행 관련 사건은 주로 1~2년 정도 질질 끄는 경우가 많다고 했다. 그러다가 대부분이 정신적으로 못 견디고 퇴사를 한다고. 본인이 겪지 않으면 도저히 이해 못할 절망의 늪에 빠졌다. 뭐 다른 사람들이야 "손 만지고, 팔, 어깨 만진 게 무슨 큰일이야?" 할 수도 있겠지만, 나 자신이 용서가 안 됐다.

6개월을 정신과 치료를 받았다. 우울증 약을 먹고 상담을 받으면서 겨우겨우 일을 했다. 낮에는 정신없이 일을 하면서 잊을 수 있었지만 저녁이 되면 공허함이 밀려왔다. 맨정신에는 아무 일도 할 수가 없어서 술을 마시고 약을 먹고 잠이 들었다. 그렇게 한 달 반쯤 내가 아닌 다른 사람으로 살았다.

어느 날 문득 말을 잘하는 사람이 되고 싶다는 생각이 들었다. 그 파트장이라는 사람은 말을 아주 잘했다. 회의나 업무보고 시간에 전혀 주눅 들지 않았다. 목소리도 굉장히 컸다.

"이 사람보다 더 말 잘하는 사람이 되겠다."

내가 스피치를 시작한 이유였다.

"어쩌면 나를 말 잘하는 사람이 되게 하려고 이런 시련을 주었나?"하는 생각이 들었다. 스피치 관련 책을 사고, 틈만 나면 〈세바시〉나 〈TED〉 같은 유튜브 강의를 들었다. 인문학 서적, 자기계발 서적을 읽기 시작했다. 그리고 어떤 분의 추천으로 론다 번의 『시크릿』이라는 책을 읽게 되었다.

『시크릿』을 읽고 내 인생은 180도 바뀌었다. 인생의 비밀을 알게 되었다. 이게 다 스피치를 시작하고 바뀐 것이었다. 성추행

사건은 개인적으로 아주 슬픈 일이지만, 내 인생에 큰 전환점이 되었다. 위기가 기회였다. 지금도 성추행 이야기를 들추는 것이 달갑지는 않다. 하지만 내가 이혼을 한 것과 마찬가지로 아무리 아니라고 해봤자 내 삶이 달라지는 건 아니었다.

다른 부서 직원들도 소문을 들은 것 같았다. 나를 보는 사람들 표정들이 싸했다. 그런 데서 상처를 많이 받았다. 어떤 직원은 내가 인사를 세 번이나 했는데도 받아주질 않았다. 그 뒤로는 나도 대놓고 지금까지 인사를 안 한다.

그동안 나는 항상 남들이 날 어떻게 생각하는지가 중요했다. 하지만 이 일을 겪고 나서 내가 나를 어떻게 생각하는지를 중심에 놓고 생각하기로 했다. 그동안 남들이 내가 고른 메뉴를 싫어할까봐 늘 "아무거나."라고 말했었다. 이제는 딱히 먹고 싶은 게 없어도 "삼겹살, 자장면."하고 일부러 뭐라도 이야기한다. 내 의견을 내기로 했다.

스피치는 당당함의 표현이고 자존감의 표현이다. 내가 하고 싶은 이야기를 남들에게 하기로 결심했다. 이제 다시는 내 의견을 이야기 못하는 바보 멍청이가 되지 않으리라 다짐했다.

이 사건을 계기로 나는 180도 달라지기로 결심했다. 성추행 사건은 나를 절망의 끝까지 밀어 넣었고 그 끝에서 다시 떠오를 수 있는 희망과 용기를 심어 주었다.

위기의 순간 기회의 문이 열린다

성추행을 당한 것은 내 인생에서 아주 큰 사건이었다. 중·고등학교 때 길에서 우연히 변태를 만난 적은 있지만 나는 그 사람들을 전혀 알지 못한다. 워낙 순식간이라 얼굴도 못 봤다. 그리고 다시 만날 일이 없었기에 그것에 대해 대수롭지 않게 여겼다.

하지만 그 직장상사는 매일 봐야 했다. 얼굴을 마주 할 때마다 화가 끓어올랐다. 나는 본성이 양순한 사람이었는데, 하루아침에 앵그리 버드 인형이 되어버렸다. 나는 잘못한 것이 없는데, 자꾸만 피하고 싶어 졌다.

어떤 이들은 별일도 아닌데 괜히 호들갑을 떤다고 했다. 다른 직장상사는 내 상황이 안타깝다고 하면서 "차라리 가슴을 만질 때까지 기다리지 그랬냐? 그럼 그 인간을 한방에 끝내 버릴 수 있는데 아쉽다."라고 했다.

이런 위로 아닌 위로는 나를 더 씁쓸하게 만들었다.

경찰에 고소까지 할 정도로 사건이 심각하지 않다는 것을 나는 알고 있었다. 그리고 뚜렷한 증거도 없었다. 내 차는 오래되어서 블랙박스도 없었고, 당시 녹음할 생각도 못했다.

나는 사건이 있은 뒷날 내 기억력이 흐려질까봐 그날 있었던 모든 일을 시간 순서대로 꼼꼼하게 적어 놓았는데, 증거라고는 이 진술서밖에 없었다. 하지만 그 사람에게 죄가 있다면 그 죄만큼 크든 작든 처벌을 받아야 한다고 생각했다. 그래서 병원 내 성희롱 신고처에 고발했다.

그 상사는 나보다 직급이 높다 보니 억울하다며 이 사람 저 사람 찾아가서 결백을 주장했다. 나는 하소연을 할 곳도 마땅치 않았다. 병원 내에 소문은 금방 퍼졌다. 퇴사를 하고 싶을 정도로 마음이 바닥을 치는 날도 있었다. 내가 병원을 나가는 순간 그 사람은 자신의 주장이 옳았다고 의기양양할 것이다. 괴롭고 힘겨웠지만 끝까지 가보기로 했다.

주변 사람들의 권유로 정신과 진료도 받아보았다. 그리고 결심했다. 나는 이제부터 내가 할 수 있는 모든 일을 다 하기로 결심했다. 나는 두 딸의 엄마고, 내 딸이 혹시나 나중에 이런 일을 겪는다면 "엄마도 참았잖아." 라는 말을 듣기 싫었다. 내 딸이라면 끝까지 싸우라고 할 것이다. 이기든 지든 끝까지 가보라고.

그 사람이 명예훼손으로 나를 고소하는 바람에 직장 내 모든 처리 절차가 중단이 되었다. 억울했지만 규정이 그렇다며 담당자가 규정집을 보여 주었다. 모든 경찰 조사가 끝나면 다시 이야기를 하자고 했다. 고용노동부에도 진정을 내고 노동조합에도 고충상담을 했다. 돌아오는 답은 똑같았다. 수사기관에서 수사 중일 때는 아무것도 도와줄 수가 없다고 했다.

내가 볼 때 전이나 지금이나 똑같은 사람 유주영인데 한 가지 잊고 있었던 것이 있었다. 이혼을 했다는 사실이다. 왜 사람들이 왜 이혼한 사실을 숨기는지 알 것 같았다.

세상에는 편견이 많다. 조금 더 조심했어야 했는데, 다시는 내 발등을 찍는 실수를 하지 않겠다고 생각했다. 일부러 내가 이혼녀라는 사실을 떠벌이는 어리석은 짓은 안 하기로 했다. 나는 사람들 사이에 어느새 꽃뱀이 되었고, 나보다 17살 많은 상사랑 썸을 탔다는 이상한 소문도 돌았다. "이 또한 지나가리."라고 생각하면서 책을 읽으며 마음을 다스렸다.

어느 날 경찰서로부터 명예훼손사건으로 인한 출석요구를 받았다. 살면서 단 한 번도 경찰서를 가본 적이 없었다. 처음 진술을 하러 갔을 때는 경찰서 입구에 들어서는 것만으로도 마음이 무거워졌다. 그러나 자꾸 가다보니 나중에는 아무렇지도 않았다. 힘들 때마다 부모님한테 기대고 싶었다. 내 소식을 들으면 당장 뛰어와 그 상사의 멱살을 잡을 것 같았다. 하지만 슬퍼하실 부모님 얼굴이 떠올라 차마 이야기할 수는 없었다.

주변 사람들의 응원도 도움이 되었지만 정신과 상담은 나에게 큰 도움이 되었다. 의사 선생님은 사건 진행 상황을 물어보는 몇 안 되는 사람 중 하나였다. 경찰 조사 전이나 거짓말 탐지기 조사 전에는 마음이 더 우울할 것이라며 힘을 내라고 위로해 주었다. 직장 내 노동조합에서 여성인권센터 소장님도 소개해 주었다. 힘들 때마다 같은 여자 입장에서 나의 상황을 잘 이해하고 다독여 주었다. 그리고 경찰조사 때마다 동행해 주었다. 마음이 한결 편해졌다. 백방으로 수소문해서 인권변호사도 무료로 소개해 주었다. 혼자 싸우는 외롭고 힘든 일일 거라 생각했는데, 이런 도움을 받을 수 있어서 감사했다.

당시 나는 이제 막 스피치를 시작하는 단계였다. 경찰조사를 받는 것을 스피치 연습을 한다고 생각하기로 했다. 그 직장상사와 대질심문이 있었다. 피하고 싶었지만 내가 잘못한 것이 없어서 하겠다고 했다. 다행히 변호사와 동행해서 조사를 받으러 갔다. 경찰의 질문에 길게 이야기를 하면 안 된다. 처음에는 "예, 아니오."로 짧게 대답하고, 구체적인 설명을 요구하면 그때 말하고자 하는 바를 내 입장에서 자세하게 말해야 한다고 조언했다. 나는 머릿속에 그 사건이 생생하게 저장이 되어 있었다. 질문에 차분하게 대답을 했다. 잠깐 쉬는 시간에 변호사가 이야기했다.
"말씀을 참 잘하시네요."
본인이 안 와도 될 뻔했다고 내가 말실수 없이 침착하게 이야기를 잘했다고 했다. 흔히 변호사라면 엘리트이고 논리적으로 말을 잘하는 사람인데, 전문가로부터 이런 칭찬을 들으니 기분이 좋았다. 스피치를 더 열심히 하겠노라 다짐했다.

명예훼손사건은 무혐의로 결론 났다. 당연한 결과였지만 마음이 한결 가벼워졌다. 두 달 세 달 지나다 보니 내 일에 관심을 가지는 사람은 거의 없었다. 흐지부지 끝나는 것이 아닌가 걱정이 되었다. 하지만 징계를 주지 않아도 충분히 그 사람은 벌을 받았다고 생각했다. 나는 명예도 없고 잃을 것도 없었다. 그래서 싸움을 시작할 수 있었다.

그 사람은 구설수에 올랐다는 사실만으로 굉장히 괴로웠을 것이다. 처음의 목표대로 내가 할 수 있는 모든 일을 다 했다. 그렇기 때문에 그 사람에게 치명적인 타격을 주지 못한 데 대한 아쉬움도 없었다.

그 뒤로 그 상사는 고개를 못 들고 다녔다. 밥도 점심시간 끝날 때쯤 사람들 눈을 피해서 먹었다. 내가 만약 이 사건을 겪지 않았더라면 당당하게 말하는 법을 배우겠노라 결심하지 못했을 것이다. 말을 하는 것은 분명 즐겁다. 나는 나의 시시콜콜한 이야기를 할 때 행복을 느낀다. 다행히 내 두 딸은 나와 대화하는 것이 아주 즐겁다고 한다.

"나는 말하는 것을 좋아하는데 왜 많은 사람들 앞에 서서 말하는 것이 두려움과 공포가 되었을까? 예전으로 다시 돌아갈 수 없을까?"

예전 웅변대회에 나가서 느꼈던 희열을 내 몸속 어딘가 기억하고 있을 것이다. 세포 하나하나가 다 그때의 일을 기억하고 있을 것이다. 나는 알고 있었다. 어떤 계기만 하나 주어지면 당당하게 말하던 예전의 모습으로 돌아갈 수 있을 것이라는 것을….

그러기 위해서는 기폭제가 필요했다. 하지만 그런 사건은 없었다. 한 번씩 강의나 교육 일정이 있어도 임기응변으로 그 순간만 잘 넘기면 되었다. 스피치를 본격적으로 시작해야겠다는 마음이 생기지 않았다.

그러나 직장 내에서 이런 일을 겪고 나니 마음을 독하게 먹을 수 있었다. 다음에 혹시나 비슷한 일이 생기면 당당하게 내 의견을 전달하고 싶었다. 그래서 아주 절실하게 스피치를 배우고 싶었다. 미친 듯이 스피치에 올인할 수 있었던 것은 이런 절망 끝에서 얻은 굳은 결심 때문이었다.

스피치를 하면서 얻은 교훈이 있다.

"말은 행동이 되고, 행동은 습관이 되고, 습관은 운명이 된다."

나는 말의 힘을 믿는다. 스피치는 내 행동과 습관 그리고 운명을 바꾸어 놓았다. 스피치는 긍정적으로 살아온 나를 더 긍성적인 사람으로 바뀌게 했다.

책에서 보면 아무리 미운 사람 일지라도 그 사람이 잘못되기를 바라면 안 된다고 했다. 나는 직장상사에 대해 신경 쓰지 않고 살기로 했다. 용서는 아니더라도 저주하지는 말자고 생각했다. 이제부터는 내 인생을 살기로 했다. 35살 이전에는 남의 눈을 의식하는 인생이었다면 이젠 나 자신에게 집중하기로 했다.

스피치를 알고 나서 나는 다시 태어났다는 표현을 한다. 스피치를 알고부터 나는 다시금 태어났다.

처음부터 잘하는 사람은 없다

그동안 살아오면서 성공했던 경험들은 모두 준비와 연습을 철저히 했던 결과였다. 학교에서 시험을 치르거나 그동안 취득한 각종 자격증은 물론이고, 요리를 할 때도 마찬가지다.

나는 시골집에 가면 늘 주방보조를 자처한다. 엄마한테 열심히 레시피를 들어도 한 방에 딱 그 맛을 내기는 힘들었다. 부엌에서 칼질을 할 때도 두께며 방향에 따라 재료의 식감이 달라지고 간장이나 참기름 넣는 타이밍에 따라 미묘한 맛의 차이가 있다. 엄마의 감독 하에 여러 번 따라 하고 흉내를 내다보면 얼추 비슷하게 닮는다. 그제야 엄마의 합격을 받을 수 있다.

하물며 나물 하나 무치는 것도 한 번에 합격을 하기가 어려운데, 사람들 앞에서 이야기하는 것은 반드시 철서한 연습과 준비가 필요하다.

지금 일하고 있는 부서는 특이하게도 6개월에 한 번씩 업무 로테이션이 있다. 나는 약 4년 동안 신규직원 교육을 담당했다. 나를 제외한 팀원들이 한꺼번에 바뀐다. 1월이나 7월 초가 되면 내게는 비상 상황이나 다름이 없다. 이 기간에는 휴가를 거의 포기해야 한다. 로테이션 기간에 갑자기 급한 일이 생기면 내가 없어도 업무가 돌아가는지 확인을 한 다음에 휴가를 써야 한다.

그동안 신규직원이 실수하는 것을 옆에서 많이 봐왔다. 신규직원을 받을 때마다 "저랬던 시절이 있지."라는 생각이 든다. 난 입사 초창기에는 전화를 받는 것도 서툴고, 손도 지금보다 두 배는 느렸었다. 전화기만 울리면 심장이 두근거렸다. 상대방이 뭐라고 하는지도 알아들을 수가 없었고 내가 제대로 일을 하고 있는지 확신도 없었다. 나물을 무칠 때 일일이 알려주는 엄마와 같은 사람도 그 당시에는 없었다. 어리바리한 걸로 치면 신입사원일 때의 나는 후배들보다 더 했으면 더했지 덜하지는 않았을 것 같다.

태어난 지 1년이 지난 어린아이가 걸음마를 배울 때 평균 약 2,000번 정도 넘어진다고 한다. 2,000번 정도 넘어져야 비로소 제대로 걸을 수 있는 것이다. 한번 넘어졌다고 그대로 주저앉아 버리면 영영 걷지 못할 수도 있다.

아이는 처음에는 울기도 하고, 자주 넘어지다 보면 아무 일 없다는 듯 손 털고 늠름하게 다시 일어서기도 한다. 여러분은 대중 앞에 말하기를 2,000번 해보았는가? 2,000번이 너무 많다고 하면 200번은 해보았는가?

스피치 동호회 사회를 처음 시작할 때 나는 100번을 목표로 세웠다. 어느 정도 탄력이 붙었다고 생각이 든 건 30번 정도 했을 때쯤이었다. 처음에는 정말 너무나 남들 앞에 서는 게 싫어서 빨리 100번을 채우자는 생각이 들어 숫자를 헤아렸다. 17번째가 고비였는데, 아직 100번을 채우려면 멀었다면서 18번째를 할 수 있었다. 지금은 당연히 숫자를 세지도 않는다. 이제는 스피치 모임은 당연히 가야 하는 것이 되었기 때문이다.

직장 동기 중에 말을 유난히 잘하는 사람이 한 명 있다. 그는 키도 크고 목소리도 좋고 항상 여유가 있어 보인다. 말솜씨도 아주 좋아서 나는 항상 그를 부러워 했었다. 어느 날 지역에서 제법 큰 보수교육이 있었는데, 그가 400~500명 되는 사람들 앞에서 강의를 맡게 되었다. 그 동기는 누가 봐도 자신감이 흘러넘쳤다. 그리고 강의에 대한 걱정은 전혀 하지 않을 것처럼 보였다. 평소 많은 사람들 앞에서 전혀 부담 없이, 그것도 아주 조리 있게 이야기하는 것을 여러 차례 보았기 때문이다.

교육이 있던 날, 나는 무슨 일 때문인지 몰라도 소회의실에 잠깐 갈 일이 생겼다. 당연히 아무도 없을 줄 알고 문을 활짝 열었는데, 세상에나 그 동기가 열심히 강의연습을 하고 있었다. 원래 말을 잘하는 사람이라서 연습은 아예 하지 않는 줄 알았다. 아무도 없는 줄 알았다며 미안해 하는 나를 보며 그는 멋쩍게 웃었다.

그는 아침 내내 회의실에서 연습을 했다고 했다.

잘하는 사람은 그냥 잘하는 것이 아니라 남들 모르게 연습을 하는 것이었다. 평소에 늘 여유가 넘쳐흐르는 사람이라서 이깟 강의쯤은 전혀 부담이 되지 않을 것 같았는데 말이다. 잘하는 사람도 연습을 피나게 하는데 나 같은 덜덜이는 죽기 살기로 해야 할 것 같았다. 죽기 살기로 해서 이런 큰 무대에 서보기라도 했으면 좋겠다.

내가 사회초년생일 때 팀장님은 건배사 제조기처럼 느껴졌다. 연말 회식 때 팀장님께 건배 제의를 부탁하면 난감해 하는 듯하면서도 아주 그럴싸한 건배사를 즉석에서 만들어 내곤 했다. 스피치를 하기 전까지 팀장님은 언제 어디서나 건배사를 아주 쉽게 만들어 내는 대단한 분처럼 느껴졌다.

하지만 나중에 알게 된 것이 있다. 팀장님은 회식이 있기 전 건배사를 세 개 정도 미리 준비를 해 오신다. 그리고 그걸 열심히 외운 다음 아주 태연하게 즉석에서 만든 것처럼 건배사를 술술술 이야기하셨다. 매년 건배사를 건네다 보니 연말회식 시즌이면 인터넷을 뒤져 사람들의 반응이 좋을 만한 몇 개를 미리 외워오신다고 했다.

요즘은 나도 건배사를 한두 개 정도 만들거나 외워서 언제 써먹게 될까 기회를 엿보고 있다. 건배사를 잘 하는 사람은 항상 그렇게 준비를 하고 있었던 것이지 처음부터 잘하는 것은 아니었다. 능청스럽게 당황한 연기를 잘 하셨을 뿐! 매년 자신이 나서야 할 자리를 미리 알고 준비하고 당황스럽다는 제스처를 약 3초간 하고는 눈이 번쩍 뜨일 만한 멋진 건배사를 하신다.

요즘 나는 사람들이 말할 때 어떤 식으로 이야기를 풀어나가는지 유심히 살펴본다. 갑자기 기회가 주어졌을 때 전혀 긴장하지 않고 웃으면서 편안하게 말하는 사람도 있다. 체질적으로 덜 긴장하는 사람이라서 그런 경우도 있다. 하지만 전혀 1도 떨지 않는 건 아니다. 이런 작은 기회를 많이 가져보았거나 미리 준비를 한 경우가 많았다. 항상 피하려고만 했던 나였기 때문에 기회를 아예 버리고 살았던 것이다.

지금은 다른 사람에게도 앞에 나가 말을 많이 말해보라고 한다. "자기소개를 할 사람?"하면 먼저 손부터 들라고 한다. 어차피 할 거면 제일 먼저 하라고.

처음부터 잘하는 사람은 없다. 이런 기회를 많이 가지면 어느 순간 자신도 모르게 이 정도 사람이 모인 자리는 별로 안 떨리네? 하는 날이 올 것이다. 앞에서 얘기했다시피 나는 다른 사람들보다 긴장을 훨씬 많이 하는 성격이다.

하지만 예전보다는 빨리 나의 페이스로 돌아온다. 이것은 연습의 결과이다. 결코 내가 잘나서 변한 게 아니다. 한 달만 쉬어도 스피치를 할 때 발음이 꼬이고 식은땀이 난다. 꾸준한 연습과 실천만이 해답이다.

요즘 사람들은 휴대폰을 만지는 시간이 과하게 많은 것 같다. 나도 주말에 마음먹고 휴대폰을 가지고 침대에서 뒹굴다보면 두세 시간은 금방 흘러간다. 유튜브 동영상을 보면 시간 가는 줄 모르고 빠지게 된다. 텔레비전에도 재미있는 프로그램이 넘쳐난다. 세상에는 재미있는 오락거리가 많다. 이런 유혹들을 뿌리치고 책을 읽고, 발음연습을 하기는 힘들다.

책상에 앉았다가도 10분도 채 지나지 않아 휴대폰을 열어보고 메시지를 확인하고 싶어진다. 그러면 발표불안을 극복하겠다고 품었던 처음의 그 마음을 떠올린다.

처음부터 잘하는 사람은 없다. 내가 쏟아냈던 시간이 모이고 모여 나중에 결과로 증명될 것이다. 평소에 이런 준비를 해놔야 나중에 갑자기 발표 기회가 생겼을 때 당황하지 않는다. 조금이라도 연습을 게을리하면 나 자신이 제일 잘 알게 된다. 사람들 앞에 섰을 때 이내 마음이 불안해진다.

갑자기 벼락이라도 맞거나 초능력이 생겨서 발표불안이 없어지기를 바랐었다. 어느 순간 아무 일도 없이 없어지기를 기도했다. 장담하건대 그런 행운은 없을 것이다. 아무 노력 없이 얻을 수 없다는 뜻이다. 20년 동안 간절히 빌고 빌었지만 더 심해지기만 했다.

Chapter. 4

도전하지 않으면 극복도 없다

스피치 동호회 활동에 참가하기

2016년 10월. 성추행사건 이후로 이유 없이 기분이 다운될 때가 많았다. 가끔은 나도 모르게 갑자기 눈물이 주룩 흐르기도 했다. 눈물을 조절하는 몸의 기능이 고장 난 것 같았다.

추석 연휴에 휴일근무가 있어서 혼자 고성에서 창원으로 넘어왔다. 병원은 일요일이든 명절이든 가리지 않고 24시간 운영되기 때문에 가끔 나는 휴일근무를 들어간다. 근무 전날 미리 창원으로 왔는데 누워서 아무것도 하기 싫었다. 나는 원래 활동적인 사람이어서 가만히 멍 때리거나 침대에 누워서 꼼짝 않고 있는 일은 거의 드물다. 몸이 아프거나 특별한 경우를 제외하고는 가만히 있지 못하고 몸을 움직인다.

하지만 그날은 무슨 이유에서인지 아무것도 하고 싶지 않았다. "아무것도 안 하고 있지만 격하게 아무것도 안 하고 싶다!"는 광고 카피처럼 말이다.

거실 맨바닥에 누워 으스름한 저녁노을이 어둠과 만나는 것을 거실 유리를 통해 보았다. 시계는 보지 않았지만 대충 몇 시쯤 됐는지 짐작할 수 있었다. 아이들이 고성에 가 있어서 저녁을 차리지 않아도 되었고 계속 누워서 아침이 오기를 기다려도 된다. 잠들면 그냥 자는 것이고 자다 깨면 그때 씻으면 된다.

추석 연휴라 텔레비전에서는 예능프로그램을 많이 했다. 텔레비전에서 사람들이 희희낙락하는 소리를 듣고 싶지 않았다. 내기분이 우울한데 남들이 행복해 하는 모습을 보면 왠지 질투가날 것 같았다. 내가 취할 수 있는 이 세상 가장 편한 자세로 의미없는 시간을 보내고 싶었다. 세상에 제일 재미있는 일이 소중한 것을 낭비하는 것이라고 했던가! 돈 낭비, 시간낭비 말이다.

누워서 휴대폰을 만지작거렸다. 기분이 우울하다 보니 자꾸만다니던 직장을 그만두고 싶다는 생각이 들었다. 내 인생 최대 모토가 행복인데, 지금 나는 전혀 행복하지가 않았다. 이런 생각이 꼬리에 꼬리를 물다가 문득 "내가 왜 직장을 그만둬야 하지? 잘못한 게 없는데?"라는 생각이 들었다.

"그럼 내가 행복해지려면 무얼 해야 하지?"

내가 이제껏 제일 겁내고 두려워했던 일을 하기로 했다. 평생 최대 약점이었던 발표불안을 해결하고 다시 행복해지고 싶었다. 그리고 다시는 이런 일이 일어나게 된다면 벙어리처럼 가만히 안 있겠다고 생각했다. 내가 스피치를 해야 하는 이유가 생겼다. 이제껏 내가 스피치의 필요성을 생각했던 동기들과는 비교가 되지 않았다. 그동안 스피치는 회사 내 교육이나 발표 때마다 뭔가 극복할 방법을 찾아야 해라고 생각했다가 이내 머릿속에서 사라졌다. 잠시 나의 무능함을 깨닫게 하고는 다시 원래의 나로 돌아갔다.

곧바로 '창원 스피치'라는 단어를 포털 사이트에 검색했다. 그러자 그렇게 찾을 때는 안 보이던 동호회가 나왔다. 무려 7년 전부터 이어져 오는 스피치 모임이 있었다. 바로 '창원 스피치사랑'이었다. 나는 이 카페 모임을 본 순간 누워 있을 수 없었다. 벌떡 일어나 앉았다. 모임은 매주 있었다. 카페 사이트에는 말하는 스킬이나 스피치 관련 자료도 있었다. 모임이 이토록 오랫동안 이어진 것을 보고는 믿음이 갔다. 학원에 비해 비용도 저렴했다. 참가비 만 원만 내면 스피치 활동을 할 수 있었다. 예전에 웅변학원을 등록했다가 돈만 날린 경험이 있어 학원은 내키지 않았던 것에 바하면. 동호회를 일단 나가보기로 했다. 회장이라는 사람한테 무작정 모임에 참석하겠다는 메시지를 보냈다.

온통 성추행 사건에 집중되어 있던 생각이 스피치로 옮겨갔다. 나란 사람은 이토록 단순하다. 기분을 점수로 매긴다면 0점에서 100점으로 확 오른 느낌이었다. 스피치라는 단어만 들어도 이제 기분이 좋아진다. 나는 스피치와 사랑에 빠졌다.

모임 전 일주일 동안 자기소개를 연습했다. 맹연습까지는 아니지만 집에서 틈틈이 거울을 보며 멘트를 바꾸며 연습을 해보았다. 당시 나는 마음고생으로 인해 살이 엄청 빠졌었는데, 의도치 않은 다이어트로 턱도 브이 라인이 되고 배도 홀쭉해서 외모에 자신감도 생겼었다.

아무래도 첫인상이 중요할 것 같았다. 오늘 실수하면 두 번 다시는 이 모임에 가지 않게 될 것임을 알고 있었다. 직장이나 학교처럼 아주 중요한 곳은 아니지만 잘하고 싶은 마음은 여전했다.

퇴근시간이라 차를 타고 40분을 달려갔다. 나 같은 운전 초보에게는 부담스러운 거리였다. 분위기는 화기애애했고 사람들도 친절했다. 나 말고 처음 참석하는 남자가 한 명 더 있었다. 동지를 만나서 얼마나 다행인지 몰랐다. 사람들을 한 명 한 명 찬찬히 훑어보았다.

"이 사람들이 다 발표불안이 있단 말이지?"

신기하기도 하고 놀랍기도 했다. 이제껏 발표불안은 부끄럽고 숨겨야 하는 것이라고 생각했는데, 사람들은 오히려 당당해 보였다. 그리고 동호회 모임이 7년이나 지속되고 있다는 것은 참으로 대단했다.

회장은 카리스마가 있었다. 의상이며 헤어도 심상치 않았고 혹시 스피치 학원 원장이 아닐까 싶을 정도로 말솜씨도 좋았다. 스피치 학원은 아니지만 프리랜서로 스피치강사 일을 하고 있다고 했다. 닮고 싶었다. 나도 이 회장님처럼 가만히 있어도 말을 잘하는 사람으로 보이고 싶었다. 이제부터 나의 롤 모델은 그 사람으로 정했다.

모임 시작과 동시에 자기소개를 시켰다. 스피치 동호회답게 한 사람도 딴 짓하지 않고 초롱초롱한 눈으로 나의 이야기를 들어 주었다.

"안녕하세요? 저는 유주영입니다. 나이는….."

준비를 해서인지 생각보다 덜 떨렸다. 동호회 회원들은 내 소개가 끝나자, 첫 참석인데도 떨지 않고 말을 잘한다며 칭찬해 주었다. 이로써 신고식은 무사히 마쳤다. 정말 잘한 건지 신입회원에게 일부러 자신감을 심어주려고 오버해서 칭찬을 한 건지 확신은 없었지만 마음이 뿌듯했다. 그리고 계속해서 나와야겠다는 생각이 들었다.

모임에 나온 사람들은 연령대가 다양했다. 대학을 막 졸업한 취업준비생부터 나이가 지긋한 중년까지 각자 자신만의 문제와 고민을 안고 모임에 왔다. 취업준비생은 면접을 앞두고 연습을 위해 왔다고 했다. 회사에서 직위는 높으나 스피치 실력은 형편없어서 남몰래 고민을 하던 중년 아저씨도 있었다. 회사에서 갑자기 교육을 해야 하는데 잘 되지 않아서 온 사람도 있었다.

나처럼 말을 못 해서 고민인 사람이 이렇게 많을 줄 몰랐다. 발표불안을 당당하게 털어놓아도 된다는 것을 처음 알았다. 스피치의 '스' 자만 나와도 제발이 저려 나는 스피치와 상관없다며 시치미를 뗐었다. 이제는 스피치 모임에 나간다고 자신 있게 이야기할 수 있다.

스피치는 말하는 연습임과 동시에 듣는 연습이다. 우리는 흔히 스피치는 말을 조리 있게 잘하는 능력이라고 생각하기 쉽다. 하지만 잘 들어야 말도 잘한다. 내가 잘 들어줘야 남도 잘 들어준다. 내가 만약 스피치에 약하다면 먼저 자신을 돌아보아야 한다. 나는 남들이 이야기할 때 얼마나 잘 듣고 있었는지를….

거의 매주 스피치 동호회에 나갔다. 나의 유일한 기쁨이자 취미생활이었다. 그런데 한 가지 문제가 있었다. 퇴근 후 모임에 가려면 집에 들를 수가 없었다. 큰 아이는 9살, 작은 아이는 6살이었다. 엄마 손이 많이 가는 시기였다.

엄마의 역할과 자기계발 사이에서 고민이 생겼다. 아이들에게 사정을 설명하고 내가 스피치 모임에 참석해야 하는 이유를 말했다. 아이들은 흔쾌히 이해해 주었다. 나 혼자 속단해서 미리 포기하거나 아이들이 이해를 해 주지 않았더라면 모임은 포기했을 것이다. 시간상 밥을 차려주고 나갈 수가 없어서 스피치 모임이 있는 수요일이면 아이들은 삼각김밥과 컵라면으로 저녁을 때워야 했다. 속으로 미안했지만 다른 방도가 없었다. 대신 주말은 아이들을 위해 하루 종일 즐겁게 놀아주었다.

"너는 너의 인생, 나는 나의 인생!"

평소에도 자주 쓰는 말이다. 아이들의 인생도 중요하지만 내 인생도 중요하다. 이기적인 엄마지만 내가 행복해야 아이들도 행복할 수 있다고 스스로를 위로했다.

인생을 리셋한 기분이었다. 스피치 모임 다음날인 목요일은 기분이 날아갈 듯 좋았다. 앞에 나서서 말을 하는 게 괴롭고 스트레스를 받는 것이었는데, 이제는 말하는 즐거움을 알게 되었다. 회장은 모임에 나갈 때마다 내가 가지고 있는 문제점이나 스피치 스킬을 알려주었다. 영어학원이나 요가학원을 다녀서 얻는 기쁨과는 또 다른 느낌이었다.

발표불안이 있는 사람들은 대부분 나처럼 남을 많이 의식하고 꼼꼼한 성격이 많다. 어떤 일이 일어날 것인지 미리 대비해 준비를 철저히 하는 편이다. 그러나 이것이 독이 되었다. 아직 일어나지도 않은 일에 걱정을 많이 하다 보니 나는 실수하고 실패하는 데 집중을 하게 되었다. 생각은 행동을 지배하는데 나는 첫 단추부터 잘못 끼운 셈이었다. 이런 원리를 알고 나니 내가 왜 떠는지, 앞으로 어떻게 해야 할지 알 것 같았다.

그렇게 정말 미친 듯이 3개월을 보냈다. 나의 열정을 알아보고 모임에서 총무 자리를 주었다. 사실 총무는 이름만 그럴싸하고 귀찮은 일을 티 나지 않게 처리하는 자리였다. 거절하고 싶었지만 회장처럼 되려면 총무 자리를 맡는 것도 도움이 될 것 같았다.

"할게요. 하겠습니다."

나는 총무가 되고 나서 더 바빠졌다. 제일 큰 임무는 모임 전에 회원들이 먹을 간식을 준비하는 일이었다. 시장에서 족발, 김밥, 순대 등등 메뉴를 바꿔가며 음식을 샀다. 음료수도 두세 가지 정도 준비해야 했다. 회비도 결산해야 하고, 회원들 사진을 촬영해서 카페에 후기도 올렸다. 이런 일조차 행복이고 즐거움이었다. 모임 후 뒤풀이자리도 빠지지 않고 갔다. 회장 옆에서 그녀의 작은 말조차 놓치지 않으려고 애썼다. 꿈은 클수록 좋다고 하지 않았나? 나는 5년 뒤 스피치강사가 되겠노라고 다짐했다. 발표불안에 별명이 덜덜이였던 내가 스피치강사가 되는 것, 생각만 해도 입가에 미소가 지어졌다.

스피치 동호회에서 만난 사람들은 직업도 사연도 다양했다. 초등학교 시절 사랑받기 위해 안간힘을 쓰던 여자아이는 나 혼자만의 모습이 아니었다. 사회에서 만난 사람들 중에는 이런 고민을 가진 사람들이 아주 많았다.

나는 둘째라서 내가 자존감이 낮은 사람이라서 이런 발표불안이 왔다고 생각했었다. 주변의 이야기를 들어보면 주로 장남이나 장녀같이 집안에서 책임감이 높거나, 집안이 기울어 자신이 가장 노릇을 해야 했던 사람들이 많았다. 직업이 선생님이거나 목사, 의사와 같은 말을 잘해야 하는 직업군도 있었다. 이런 사람들은 더 심각했다. 말을 잘해야 한다는 생각이 더 자신을 불안하게 만들었다. 그들은 주로 약을 먹거나 예전의 나처럼 철저하게 숨기고 발표를 해야 하는 상황을 피해 왔다고 했다.

나도 동호회에 나가기 전까지 나와 같은 고민을 가진 사람이 이렇게 많을 거라고 생각도 못했다. 그들은 외계인이나 이상한 사람이 아니었다. 나와 같은 고민을 가진 평범한 사람이었다. 불안을 느끼는 것은 잘못이 아니고 부끄러운 것이 아니라고 서로를 위로했다. 예전에 내 성격 같으면 발표불안을 인정하기 싫어 이런 모임에도 나가지 않았을 것이다.

미용실에 가는 날은 사람들 헤어스타일만 보게 된다. 나는 스피치를 시작하고 나서 사람들의 말투와 어조, 목소리를 본다. 말하기에 어려움을 느끼는 사람이 있다면 도움을 주고 싶다. 잃어버린 20년을 되돌리지는 못하지만 이런 고민을 가진 사람이 있다면 더 빨리 그 어둠의 터널에서 나오게 도와주고 싶다. 스피치를 시작하고 불안을 인정하고 말하기의 즐거움을 느꼈기 때문이다.

비록 지금은 아마추어 병아리 강사지만 사람들 앞에 강단에 서서 말하는 것에 대한 즐거움을 20년 만에 느꼈다. 내 어린 시절 그저 말하는 게 좋았던 그때처럼…. 전교생 앞에 섰던 웅변대회 날의 그 기분을 다시 느꼈다. 그리고 가슴속에서 솟아오르던 그 뜨거운 것을 다시 만났다.

스피치와 사랑에 빠지다

뼈를 묻겠다고 생각했던 동호회 활동은 그리 오래 하지 못했다. 지나친 열정이 화를 불러왔다. 동호회 사람들과 트러블이 생긴 것이다. 나름대로 열심히 하려고 했지만 그런 모습을 탐탁하게 보지 않았던 사람들이 있었던 것이다. 사실 어느 조직이나 나를 싫어하는 사람은 있기 마련인데, 머리로 생각하는 것과 막상 나에게 닥쳤을 때랑은 차이가 있었다.

스피치가 너무 하고 싶어 미칠 것 같았다. 이제 막 말하는 재미를 느끼던 참이었는데…. 어느 날 직장동료와 얘기를 하다가 내 발표불안에 대해 털어놓게 되었다. 한쪽 문이 닫히면 다른 쪽 문이 열린다고 했던가! 더 이상 열리지 않는 문만 열리길 기다리면 새로운 문이 열린 것도 모른 채 닫힌 문만 두드리고 있는 격이라고 했다. 그래서 닫힌 문만 계속 바라보지 말고 새로운 문을 열기 위한 노력을 해야 한다.

예전 같으면 나의 발표불안에 대한 고민을 이야기 못했을 것이다. 다른 사람에게 발표불안이 있다고 얘길 했고, 그 지인이 스피치 모임을 소개해 주었다. 드디어 나에게 새로운 문이 열린 것이다. 그 스피치 모임은 생긴 지 한 달이 채 안 된 동호회였다. 이번에도 가입신청 문자부터 보냈다.

무슨 일이든지 그냥 우연히 이루어지는 법은 없다. 내가 더 성장하려고 그러나 보다 하고 좋게 생각하기로 했다. 그리고 이번 모임에서는 너무 튀지 않겠노라 다짐했다. 그리고 다시는 총무도 하지 않겠다고 생각했다. 내가 아무리 좋은 말을 하고, 친절하게 대해도 나를 싫어할 사람은 나를 싫어하게 되어 있다. 그래서 지금 나에게 필요한 스피치만 생각하기로 했다.

새로 들어간 모임은 일명 '자존감 스피치'였다. 이전 동호회보다 더 발표불안에 집중해서 좋았다. 스피치 스킬보다는 불안감을 다스리는 법에 초점을 맞춰 스피치학원에서 흔히 배우는 발음, 발성연습이 아니라 긍정적인 마음을 가지기 위한 여러 시도들을 했다. 예를 들면 틀린다고 해도 문제가 없고 실수를 해도 된다는 생각을 내 마음속에 심어주는 것이다. 실제로 나는 이제껏 실수를 하게 되면 심하게 자책을 했기 때문이다.

"에이, 바보 멍청이! 그것도 제대로 못하고. 하아 내가 왜 그랬을까?"

자괴감을 갖고 자신을 책망하는 대신 실수를 해도 아무런 문제가 없다고 자연스럽게 스스로 믿도록 연습했다.

친한 친구가 실수를 하게 되면 어떠한가?

내 마음을 담아 그 사람을 위로할 것이다.

"실수할 수도 있지. 사람이 살다 보면 그럴 수 있어. 너무 우울해 하지 마, 잘 될 거야."

우리는 타인의 실수에는 이렇게 관대하면서 정작 자신의 실수는 용납하지 못한다. 나 역시도 그랬다. 나의 제일 친한 친구는 바로 나 자신인데 말이다. 나는 이 중요한 사실을 까먹고 있었다.

이 스피치 모임을 이끄는 회장은 심리상담소 소장이었다. 그래서인지 이 스피치 모임은 더욱더 마음치유에 집중되어 있었다. 새로운 모임에 내가 나오게 된 것은 내 마음부터 치유하라는 우주의 뜻은 아닐까? 나는 이제껏 '떨지 마, 떨지 마' 했는데, 이 모임에서는 '더 떨어. 최고로 떨어. 오늘 제대로 떨어보자.' 뭐 이런 식이었다.

'뇌는 바보 같아서' 떨지 마 라고 하면 더 떨린다고 한다. 우리 뇌는 떤다는 단어에 집중을 해서 더 떨리게 만든다는 것이다. 공감이 간다. 그동안 나는 나 자신에게 항상 "떨지 마!"라고 주문했고, 그럴 때마다 떨림은 더 심해졌으니까.

이 모임의 모태는 발표불안 전문가 빈현우 씨의 스피치 강좌였다. 나는 인터넷 교보문고에 들어가 그분이 쓴 책을 바로 주문했다. 발표불안 관련 책이라면 무조건 사고 봤었다. 책을 읽을수록 왠지 내 발표불안도 고칠 수 있을 것 같은 생각이 들었다.

"이러다가 진짜 고치게 되는 거 아니야?"

나는 이제껏 단 한 번도 내 불안을 고칠 수 있다고 확신하지 못했었다. 그래서 그동안 발표불안에서 빠져나오지 못했을 수도 있다. 이 모임에서는 길거리 스피치, 칭찬일기, 공연, EFT 수업을 함께 진행했다. 집에서 거리도 가까워서 아이들 저녁도 챙겨줄 수 있었고, 회원들이 먹을 음식을 더 이상 준비하지 않아도 되었다. '창원 스피치 사랑'을 나올 때는 세상이 끝나는 것 같았고, 내 발표불안은 이제 더 이상 고칠 수 없을 것 같았다.

하지만 지금 돌이켜 생각해보면 내가 그 모임에 참가했기 때문에 지금 스피치강사가 될 수 있었다. 닫힌 문만 바라보고 아쉬워했더라면? 내 동료에게 불안을 털어놓지 않았더라면? 이 모든 것이 전부 나를 위해 미리 준비된 계획 같이 느껴졌다.

나는 종교가 없다. 신을 믿지는 않았지만, 마치 온 우주가 나를 돕는 것 같았다.

스피치 모임은 매주 목요일에 있었다. 처음 세 번까지는 오늘은 쉴까? 아프다고 할까? 이런저런 핑계를 찾기도 했다.

스피치는 두려움과 즐거움을 동시에 주었다. 자존감을 높이는 데 초점을 맞추다 보니 서로에 대한 칭찬을 많이 했다. 예전 모임과 다른 점이라고 하면 바로 칭찬이었다.

처음에 참가했던 모임은 카리스마 넘치는 스피치강사가 고쳐야 할 점이나 스피치 스킬을 콕콕 집어주는 것이 주였다. 그러나 이 모임은 무조건 칭찬을 했다. 우리의 뇌는 바보 같아서 남을 칭찬하는 것도 내 칭찬으로 인식했다. 여러 명이 좁은 공간에 모여 서로의 에너지를 발산했다. 그리고 2시간 동안 말을 하다 보니 그 공간 안이 말로 채워졌다. 그런 기운을 받는 것도 좋았다.

사람들과 이야기를 나누는 것은 아주 즐거운 일이다. 직장에서 만난 사람이나 다른 사모임에서 알게 된 사람들과는 만나서 자신에 관한 이야기를 거의 하지 않는다.

스피치 모임에 참석하는 사람들이 자신의 살아온 인생, 자신의 가치관을 열정을 다해 쏟아낼 때 정말 마음을 울린다. 세련된 기교는 없지만 진심을 담은 스피치를 한다. 완벽한 스피치 기술은 아니더라도 그 사람만이 가진 색깔로 풀어내는 이야기는 〈세바시〉 강연을 듣는 것만큼이나 흥미진진하다.

나는 막걸리를 참 좋아한다. 특히 비가 오는 날에 막걸리 생각이 난다. 하지만 막걸리를 마시고 싶은 생각을 접고 스피치 모임을 나가게 되었다. 나는 정말 스피치와 사랑에 빠졌다. 스피치는 운동과 같다. 훈련이고 연습이다. 나는 특별한 일이 없으면 꼬박꼬박 참석했다. 당장 일주일 만에 내 모습이 크게 변하지는 않지만 이런 먼지 같은 시간이 쌓이고 쌓여서 언젠가는 정말로 발표불안을 극복할 수 있지 않을까 하는 기대를 하게 되었다.

"스피치를 사랑하는 유주영입니다."

누가 시키지도 않았으나 이렇게 외치고 시작했다. 우리 뇌는 바보라서 내가 입으로 뱉는 말을 곧이곧대로 믿는다. 아직은 스피치를 완벽하게 사랑한다고 말할 수 없지만 자꾸 입으로 뱉어내다 보니 스피치가 진짜 좋아졌다. 말하는 즐거움을 알게 되었다.

스피치 동호회에서 발표 공포증이 있는 사람들의 이야기를 듣다 보면 대부분 다른 사람의 시선에 신경을 쓰는 성격이라는 것을 알 수 있다. 남들이 나를 어떻게 생각할지를 고민하다 보면 하고 싶었던 말도 쑥 들어가 버린다.

나 역시도 남의 시선에서 자유롭지 못했다. 고등학교 다닐 때가 제일 심했는데 길을 가다 뒤에 서 있는 사람들이 나만 쳐다보는 것 같아서 제대로 걸을 수도 없었던 기억이 있다. 무대 위에서는 어떠했겠는가. 사람들이 내 얼굴만 쳐다보는 상황에서는 머릿속이 하얘지고 마치 죽을 것 같은 공포가 밀려왔다.

키즈 스피치를 할 때 중점적으로 신경을 쓰는 부분은 실수해도 괜찮다는 것이다. 우리는 대부분 어릴 때부터 남들과 다르게 행동하지 말라는 걸 강요받았다. 남들과 다르면 큰일이 나는 줄 알았다.

내가 키즈 수업을 하면서 일부러 보라색 포도 대신 노란 포도,

핑크색 포도로 색칠을 하자, 아이들은 포도는 노란색으로 칠하면 안 된다고 했다. 하지만 사람들은 다양한 생각을 가지고 있고 자신의 생각을 표현하는 것은 자연스러운 일이라는 점을 알려주자 그때부터 아이들은 자기 의견을 이야기하고, 자신만의 소리를 내기 시작했다. 나도 어린시절에 이런 수업을 받았더라면 조금 더 일찍 발표불안과 작별 인사를 할 수도 있지 않았을까? 그래서 대충 할 수가 없다.

키즈 스피치 문화센터 강의를 마치고 칠판 정리를 하던 참이었다. 초등부 여자 아이의 어머니가 자신의 아이에 대한 고민을 털어놓았다. 아이가 평소에 자신감이 없다는 것이었다. 내가 겪어보니 그런 아이의 경우는 대부분이 부모도 어렸을 때부터 발표불안을 가지고 있을 확률이 높다.

나는 수업 초반에는 머릿속에 심어진 부정적인 생각을 긍정적으로 바꾸는 작업을 한다. 부정적인 마음으로 가득한 아이는 항상 자신이 못한다는 생각에 집중한다. 이런 아이들은 아무리 연습하고 노력해도 쉽게 좋아지질 않았다. 학기가 끝날 때쯤에는 스피치를 사랑하는 마음이 지금보다 많이 생겼으면 좋겠다. 자신의 생각을 입으로 전달하는 것이 즐겁고 행복한 일이라는 것을 나처럼 느꼈으면 좋겠다.

사람들 앞에 나서는 것이 예전보다 많이 편해졌다. 하지만 한 번도 쉬운 자리라고 생각했던 적은 없다. 스피치를 시작하고 나는 놀라울 정도로 긍정적인 사람이 되었다. 그렇다고 해서 대중 앞에서 말하기가 쉬워졌다는 얘기는 아니다. 사람들 앞에 서는 것은 언제나 두렵고 떨린다. 하지만 지금 내가 느끼는 떨림은 기분 좋은 짜릿한 떨림, 설렘 그 자체이다. 실수할까봐 목소리가 떨릴까봐 불안해 하던 나, 그리고 그것을 질타했던 지난 과거. 지금은 나의 이야기에 귀 기울이는 사람들이 있어서 고맙다.

스피치는 무섭고 두려운 것이 아니다. 이제라도 말의 즐거움을 깨닫게 된 것에 감사하다. 내가 발표불안이 없었다면 이런 즐거움도 느껴보지 못했을 것이다.

오늘도 나는 스피치를 통해 나를 찾아간다. 스피치는 내 인생 전반에 걸쳐 영향을 미쳤다. 남들 앞에 서는 것을 두려워하는 나를 위로해 주었고, 이런 절망에서 꺼내 주었다. 그리고 내 발표불안 극복기를 글로 적는 과정을 통해 다시 한 번 스피치와 사랑에 빠졌다.

글쓰기는 온갖 방법과 노력들로 발표불안을 극복을 하려 했던 지난날을 되짚어 보는 시간을 가질 수 있었다. 눈물이 날 정도로 무능한 나를 질타하며 보낸 지난 시간들을 떠올리면서도 괴롭지 않았다. 그 시절 그때를 치열하게, 열심히 살아온 나 자신이 대견하게 느껴졌다. 나는 글쓰기를 통해 나 자신에게 비로소 위로를 건넬 수 있었다.

나는 오늘도 스피치와 사랑에 빠진다.

길거리 스피치

동호회 모임을 시작한 이후 회원들이 꾸준히 늘었다. 그러던 어느날 색다른 도전을 해보자면서 회장이 한 가지 프로젝트를 제안했다. 창원 시내에서 길거리 스피치를 해보자는 것이었다. 나는 제일 먼저 손을 들었다. 참가를 지원한 사람은 나를 포함해서 열 명이었다.

길거리 스피치는 인생을 건 모험과도 같았다. 완벽하다고 할수는 없었지만 지금껏 두고두고 잘한 일이라는 생각이 든다.

여름이 되면서 동호회에서는 길거리 스피치를 한 번 더 해보자는 의견이 나왔다. 길에서 소리를 질러대는 건 사실 웬만한 배짱으로는 힘들다. 한 번도 어려운 길거리 스피치를 두 번 하는 건더욱 어려웠다. 게다가 이번에는 부산 해운대에서 할 예정이라고 했다.

봄에 신청했던 사람들도 다들 고개를 저었다. 나도 마찬가지였다. 한번 해봤으니 됐다. 두 번까지 할 필요가 있을까? 나는 혹시나 하게 되더라도 미리 신청하기는 싫었다. 나중에, 나중에…. 미룰 수 있는 한 최대한 결정을 미루고 싶었다.

1회 때와는 달리 이번에는 신청자가 두세 명밖에 안 됐다. 거의 무산이 되기 직전이었다.

어느 날 큰아이가 내게 말했다.

"엄마, 나 발표할 때 떨려요."

심장이 쿵 내려앉았다. 내가 최근 아이에게 들었던 말 중에 가장 슬픈 말이었다. 발표불안도 유전인가? 내가 아이를 너무 소심하게 키웠나? 일찍 철이 들어 안쓰럽기도 하고 대견하기도 했는데, 속으로 이런 고민을 가지고 있었나 보다.

내 나름대로 사랑도 많이 주고 밝게 잘 크고 있다고 생각했었다. 내가 스피치에 빠져 있는 사이에 정작 내 아이는 나의 과거 모습을 닮아가고 있었다. 그동안 스피치에 빠져 아이들을 팽개쳐두고 있었던 것 같아서 자신이 한심하게 느껴졌다.

"길거리 스피치에 도전하겠습니다."

그날 바로 신청을 했다. 이번에는 아이들을 데리고 가기로 했다. 아이들에게는 내 발표불안을 솔직하게 이야기했었고, 그래서 일주일에 한 번 모임에 참석하는 것도 아이들로부터 공식적으로 동의를 받을 수 있었다. 그래서 나는 이번 기회에 엄마가 얼마나 용감한 사람인지 보여주기로 했다. 발표불안은 극복 가능한 것이란 걸 증명해 보이고 싶었다. 주제는 "두려움과 용기"로 정했다. 연습만 열심히 하면 완벽할 것 같았다. 그런데 아무리 생각해도 한여름에 해운대 백사장에서 길거리 스피치라니…. 정말 미치지 않고서야 할 수 없을 것 같았다. 소주라도 한 병 준비해야 하는 건 아닌지 모르겠다.

나는 운전이 서툴러 친구 차를 타고 아이들과 함께 해운대로 향했다. 다들 최신가요를 따라 부르며 흥얼거리고 신이 났다. 마치 여행을 가는 기분이었다. 하지만 고속도로를 지나 해운대가 가까워지면서 불안이 밀려왔다. 괜히 신청한 것 같아 후회가 되었다.

도착 5분을 남겨놓고 갑자기 빗방울이 떨어졌다. 비를 핑계 삼아 스피치로부터 다시 도망치고 싶었다. 이러다 취소되는 게 아닌지 내심 기대를 했다. 실내로 갑자기 장소를 옮기면 구경하는 사람들이 없어서 길거리 스피치의 본래 취지와는 어긋난다. 될 대로 되라고 마음을 비우자 신기하게도 비는 점점 그쳤다.

나는 아직도 그날이 생생하다. 청록색 반팔 티셔츠에 흰색 바지를 입고 나는 조선비치 호텔과 부산 아쿠아리움 사이 계단에 서 있었다.

내 시선은 하얀 백사장 너머 바다에 꽂혀 있었다. 이번에도 우주의 어떤 힘이 나를 응원하는 것 같았다. 실패해도 괜찮다고 생각하기는 했지만 실패하지 않을 것 같은 자신감이 들었다. 발표를 잘하는 사람들은 이런 벅찬 감정 덕분에 떨리지 않구나! 갈매기가 자유로이 날갯짓을 하고 있었다. 부드러운 여름 바람이 이불처럼 감겼다.

내 차례라는 말에 심호흡을 하고 웃으며 무대로 뛰어갔다. 백사장에서 모래놀이를 하던 아이들이 어느새 내 앞에서 나를 보고 있었다. 나는 천진난만한 두 아이들을 보고 손을 흔들었다.

"엄마 파이팅!"

아이들의 응원을 받으며 그날 준비한 이야기를 풀어 나갔다.

"용기는 두려움이 없는 상태가 아닙니다. 두렵지만 내 상황을 살펴보고 내가 할 수 있는 것들을 최선을 다해서 해내는 의지입니다. 지금 내 몸은 완벽한 스피치를 하기 위해 반응을 하고 있습니다. 내 목소리가 떨리고, 손과 발이 떨리고… (생략) 나는 지금 두렵지만 내가 하고 싶은 이야기를 하나도 남김없이 하고 말 것입니다."

내가 고래고래 소리를 질러도 이야기를 들어주는 사람은 그리 많지 않았다. 그나마 다행이었다. 사람들이 많았으면 신경이 쓰여 말이 꼬였을 것이다. 실제로 내 몸과 목소리는 살짝 떨리고 있었다. 그래도 여유를 잃지는 않았다. 스피치는 어렵지만 웃음이 났다. 나는 잘 하려고 여기 온 게 아니다. 길거리 스피치를 하는 것이 목적이다. 내 이야기를 듣는 사람은 동호회 회원들과 지나가던 행인 5, 6명이 고작이었다. 행인들 중에 아주머니 두 분이 내 이야기에 흥미를 가지고 연신 고개를 끄덕여 주었다. 그리고는 "잘한다, 너무 멋지다."라며 응원해 주었다.

내 이야기가 듣고 싶어서 걸음을 멈춰주다니. 그리고 생판 모르는 나에게 잘한다고 칭찬을 해 주다니!

스스로가 대견했다. 이런 성공의 경험들이 쌓여 실패보다 많아지면 나는 어느새 스피치 달인이 되어 있겠지? 이로써 하나의 미션을 성공했다. 내 차례가 끝나자 아주머니 두 분은 가던 길을 가고 내 귀여운 아이들은 계속해서 엄지를 치켜들었다.

"엄마 어땠어?"

"최고야 너무 멋있어."

내용도 목소리도 완벽하지 않았지만 아이의 눈에 지금 나는 최고다. 내가 최고의 명연설가다. 아이들이 학교에서 발표할 기회가 생기면 해운대에서 엄마가 했던 이 스피치를 기억해 주었으면 좋겠다.

나는 요즘도 강연이나 작가 사인회, 내가 수업하는 키즈 스피치에 아이들을 데리고 간다. 아이들이 스피치를 두려움으로 느끼지 않도록 최대한 많은 경험을 시켜주고 싶어서다. 감사하게도 아이들은 이런 곳에 따라가는 것을 좋아한다. 스피치는 두렵고 힘든 것이 아니라 행복한 일이라는 것을 알고 있다.

우리 식구는 아직도 해운대 길거리 스피치를 이야기하곤 한다.

엄마 그때 진짜 멋있었다고 엄마처럼 훌륭한 스피커가 되고 싶다고 한다.

"엄마가 우리 엄마라서 좋아."

"나도 지아가 엄마 아기라서 좋아. 엄마가 연수 엄마나, 지윤이 엄마면 이렇게 안 행복할 것 같아. 너무 슬플 것 같아. 지아 엄마 하게 해 줘서 고마워."

"엄마가 주소도 안 알려줬는데 너는 어떻게 알고 엄마 뱃속으로 들어왔어? 신기하다."

"그러게."

지아는 싱긋 웃는다. 나도 같이 행복해진다.

내가 스피치를 시작하지 않았다면 어땠을까? 아이들이 수업시간에 발표가 힘들다고 이야기할 때 마땅히 해 줄 수 있는 게 없었을 것이다. 고작해야 스피치 학원을 보내고 책을 읽으라고 하는 정도였을 것이다. 내가 어릴 때 스피치 연습을 했더라면 스피치는 훈련으로 극복할 수 있다는 것을 알았더라면 얼마나 좋았을까? 그러니 혹시라도 자녀가 발표불안이 있다면 부모가 먼저 스피치를 시작하길 권한다.

이미 되어 있음!

"이미 되어 있음."

이것은 내가 아주 좋아하는 말이다. 카카오톡 프로필에 보면 프로필 사진 말고 프로필 상태 메시지라는 것이 있다. 대부분 그 사람의 기분 상태라든지 좋아하는 글귀 혹은 좌우명 같은 것을 써놓을 수 있는 부분이다. 예전이나 지금이나 내 휴대폰의 카카오톡 상태 메시지는 바로 "이미 되어 있음"이다. 나에게는 얼마나 가슴 떨리는 문구인지 모른다!

2년 전 스피치를 시작한 지 얼마 지나지 않아서 5년 뒤 명강사가 될 거라고 결심했다. 그때 나는 내 꿈이 이미 실현되었다고 믿기로 했다. 단지 그것을 생각만 하지 않았다. 동호회 사람들 앞에서 내 꿈을 이야기했다.

평소에는 텔레비전을 거의 보지 않지만 몇 해 전 방영된 <또

오해영〉이라는 드라마는 방송시간까지 체크하며 재미있게 보았다. 에릭과 서현진의 짠내 나는 연기가 아주 실감이 나서 많은 마니아층을 확보하며 인기리에 방영되었다. 그중에서도 제일 흥미로웠던 장면이 있다. 바로 미래를 보는 에릭에게 정신과 의사가 상담해 주는 부분이었다.

과거, 현재, 미래는 연속되는 시간의 흐름이 아니라 무수히 모여 있는 현재라는 것이었다. 육체적인 관점으로 바라보면 시간이 분리되어 있다고 느끼겠지만, 마음으로 바라보는 시간은 각각 분리되어 있지 않고 서로 연결되어 있다는 것이다. 이것은 아인슈타인의 시간의 상대성 이론으로 과거 현재 미래는 각각 독립되어 있는 것이 아니라 동시 다발적으로 일어난다고 한다. 단지 인간의 뇌가 이것을 시간의 순서대로 나열해서 우리가 그렇게 생각할 뿐, 과거와 미래는 같은 시간 선상에 있다는 점이다.

이 이론에 따르면 미래는 이미 일어났다는 것이다. 5년 뒤에 보면 이미 일어난 일, 이루어진 일인데, 그렇다면 더 이상 무엇을 고민하겠는가?

나는 5년 뒤 명강사가 벌써 되었다고 믿기로 했다. 나는 단지 이 시간들을 내가 할 수 있는 범위 내에서 하나씩 채워 나가기만 하면 된다. 5년 뒤 명강사가 된 내가 과거의 나를 돌아보면 얼마나 풋풋하고 귀여울까! 나는 이미 명강사가 되었다. 명강사다. 그러니 모든 걱정과 불안은 던져버리고 현재를 열심히 살기로 했다. 미래에 어떻게 명강사가 되었을지 역으로 생각하니 내가 해야 할 일들이 하나둘씩 머릿속에 떠오르게 되었다.

남들이 아무리 재미있는 영화라고 해도 나한테 재미없게 느껴진 경우가 있다. 남들은 예쁘다고 해서 샀는데 장롱에 처박아 둔 옷도 있다. 이렇듯 남들이 아무리 좋고 베스트셀러라고 떠들어도 나에게 큰 감동이나 임펙트가 없었던 책도 많았다.

내가 병원에 근무하는 것을 알고 어떤 분이 책을 추천해 주었다. 내가 하도 5년 뒤 명강사가 될 거라고 떠들었더니, 나를 유심히 지켜본 스피치 동호회 회원 한 명이 "이 사람을 롤 모델 삼는 것도 좋을 것 같아요."라며 책을 한 권 추천해 주었다. 대학병원 간호사로 근무하다 직장 내 CS 강사가 되어 전문 스피치강사의 길로 전향한 분이 쓴 책이었다.

나는 그 책을 읽으며 "나를 위해 이분이 책을 쓰셨나?" 싶을 정도였다. 내가 정말 필요하고 듣고 싶었던 내용들이 책에 있었다. 앞서 명강사가 되겠다는 포부를 말하지 않았다면 그 지인은 나에게 책을 권유하지도 않았을 것이다.

내가 이야기했기 때문에 생긴 일이다. 가만히 있으면 아무 일도 일어나지 않는다. 주변의 사소한 일들도 그냥 우연히 일어나지 않았다. 나를 스피치 명강사로 만들기 위해 누군가 도와주는 것만 같은 묘한 기분이 들었다.

말에는 힘이 있다. 너무나 잘 알고 많이 들었던 말일 것이다.

나는 최근에야 이를 믿기 시작했다. 바로 스피치를 시작하고 알게 된 내용이다. 그전까지는 끌어당김의 법칙이라든지, 확언, 자기 암시, 긍정 이런 말 따위는 사기라고 생각했었다. 그러나 놀랍게도 스피치를 하면 할수록 말은 힘을 가지고 있다는 것에 공감하게 되었다.

"생각은 말이 되고, 말은 행동이 되고, 행동은 습관이 되고, 습관은 운명이 된다."

「운이 따르게 하는 습관」이라는 책의 내용 중 일부이다. 이 책은 내 운명을 바꾸어 놓은 계기가 되었다. 밑줄도 치고 가슴에 품어 보기도 하고 정말 책을 있는 힘껏 사랑하며 읽었다. 책의 내용을 자기화 시키는 게 뭔지도 몰랐는데, 그분이 쓰신 책을 한 장 한 장 읽으며 나의 롤모델로 삼게 되었다. 나도 이런 삶을 살아야겠다. 스피치강사가 되어야겠다는 생각이 들었다.

"안녕하세요~ 스피치를 사랑하는 유주영입니다."

동호회 모임에 나가면 자기소개를 하기 전에 나를 꾸미는 수식어를 꼭 넣는다. 나는 지금도 스피치를 사랑하지만 입으로 소리 내서 이야기하고 나면 더욱 더 사랑할 것 같아서 항상 넣는다. 어떨 때는 동호회 사람들이 나를 따라서 "스피치를 사랑하는~" 하고 함께 외쳐 주기도 한다.

스피치 동호회에 오는 사람들은 말더듬이나 진짜 심각한 언어

장애를 가진 사람들일 것 같지만 오해다. 공무원, 선생님, 학생, 회사원 굉장히 다양한 직업군에 굉장히 평범한 사람들이다. 내가 놀란 것은 연령대가 생각보다 높다는 것이었다. 나이가 들면 자연스레 발표불안이 고쳐지리라 생각했었는데, 꼭 그런 것만은 아닌 듯했다.

나이가 들어서 이런 모임에 나오는 분들은 얼마나 많은 시간들을 혼자 끙끙 앓으며 힘들어 했을까?

나이가 들고 사회적 지위가 높아지면서 직장에서 요구하는 리더의 역할이 많아질 수밖에 없고, 회의를 진행하거나 여러 사람들에게 결과를 보고를 해야 하는 기회가 하나둘씩 더 많아질 수밖에 없다. 학교에 다닐 때는 요리조리 피할 수도 있었는데, 직장생활은 그렇게 피하고 싶다고 피할 수 있는 게 아니었다.

그래서 더욱더 싫어졌었다. 발표가 싫고 그런 발표를 못하는 내가 싫고, 직장이 싫고, 급기야 남들이 그렇게 부러워하던 직장도 그만두고 싶어졌다. 발표는 죽기보다 싫은 것이었고, 그런 내 발표불안을 고쳐만 준다면 뭐든지 다 할 수 있을 것만 같았다.

외부에서만 찾으려던 열쇠는 내가 가지고 있었다. 지금도 나의 스피치는 오르락내리락 한다. 어떤 날은 말이 술술 나오기도 하고, 어떤 날은 혀가 꼬이고 목소리도 떨린다. 그럴 때면 뭐 실수할 수도 있지, 나도 사람인데 이런 날도 있지, 하고 생각해버린다. 예전에는 바보 멍청이를 외쳤다면 이제는 나의 실수에 관대해진 것 같다.

스피치 모임에 나가서도 "5년 뒤에는 명강사 될 거야. 그러니 지금 좀 떨면 어때? 지금 좀 못하면 어때. 나는 어차피 명강사인데." 라고 생각했다.

그리고 5년 뒤에는 스피치강사가 되겠노라 포부를 말하고 2년도 채 되지 않아 강사 데뷔를 했다.

이것이 내가 정말 무시무시하다고 생각한 말의 힘이었다. 그냥 말만 했는데 정말 이루어졌다. 그 뒤로 나는 되고 싶은 것, 갖고 싶은 것이 있으면 무조건 말로 해버린다.

끌어당김의 법칙

스피치를 시작하기 전에는 '끌어당김의 법칙'에 대해 전혀 알지 못했다. 2~3년 전 처음 『시크릿』이라는 책에서 이 내용을 알게 된 후 몸에 전율을 느꼈었고, 책을 다 읽고 나서야 왜 이 책 제목이 『시크릿』인 줄 알 것 같았다.

끌어당김의 법칙의 뜻은 "비슷한 것끼리 서로 끌어당긴다." 라는 것이다. 이런 우주의 비밀이 있다는 것이 놀라웠다. 이전까지는 끌어당김의 법칙이 무엇인 줄 몰랐음에도 그동안 끌어당김의 법칙에 의해 내 인생이 이렇게 흘러왔다는 것을 알게 되었다.

어릴 때부터 나에게는 막연하지만 "잘 될 거야."하는 믿음이 있었다. 그런 믿음이 지금의 나를 여기까지 데리고 왔다. 내 직업, 친구, 집, 자동차 등등 이 모든 것들이 내가 생각하고 상상한 결과물이었다. 우연히 생긴 운은 없었다. 지금 비교적 안정적인 직장을 가지게 된 것은 내가 성실하거나 능력이 탁월해서가 아니다. 운이 좋아서도 아니었다. 내 생각과 의지로 만들어낸 결과들이었다. 운은 내가 겪은 여러 사건들 중 하나의 사건일 뿐이다. 그냥 우연히 생긴 일은 하나도 없었다. 운도 내가 했던 일들 중에 일련의 사건일 뿐이었다.

스피치 관련 책들에서 늘 이야기하는 것은 긍정과 할 수 있다는 믿음이다. 자신이 생각했던 것들이 실제 현실에서 나타나는 경우가 종종 있다. 나는 병원에서 근무를 하다보니 질병에 걸릴 것을 걱정하고 염려하는 사람이 병에 잘 걸린다는 것을 알게 되었다. 가난에 대해 집중할수록 더 가난해지고 부를 상상할수록 더 부유해지는 것도 알게 되었다. 나는 그동안 떨림에 집중해왔다. 그것은 내가 남들 앞에서 말을 제대로 못 한 이유 중에 하나였다.

우리는 생각 하나 만으로 사건이나 상황을 만들어냈다. 생각하는 것은 사건을 초대하는 것이다. 어떤 일을 만들어내는 일이다. 생각은 강력한 힘을 가지고 있다. 그것은 우리가 긍정적으로 사고해야 하는 이유이기도 하다.

"난 떨리지 않아."

"떨면 안 돼."

"절대 떨지 말자."

어떠한가? 우리는 늘 발표에 앞서 이런 다짐들을 해봤을 것이다. 이런 생각들은 실제로 나를 떨게 만드는 주문이었다. 애석하게도 끌어당김의 법칙에는 "아니야."가 없다. "떨리면 안 돼."라는 말은 곧 "떨어."라는 주문이다. 식당에서 주문을 넣는 순간 분주하게 음식을 만든다. 주방장의 빠른 손길만큼 내 몸 곳곳은 아주 빠르게 떨기 시작한다. 슬프지만 그 음식은 취소가 안 된다. 그러기에 너무 늦어버렸다. 음식이 나오기까지 나는 초조하게 발만 동동 구를 뿐 할 수 있는 것은 없다. 그리고 맛없는 음식을 먹는 것은 늘 나의 일이었다.

예전에는 발표를 앞두고 무대에서 떨 거라는 생각을 떨칠 수 없었다. 최악의 상황을 생각하고 또 생각했다. 막상 무대에 서면 정말로 그 최악의 상황이 펼쳐지곤 했다. 이 악순환은 20년 동안이나 반복되었다.

내가 아는 어떤 스피치강사 중 한 분은 뉴스를 전혀 보지 않는다고 했다. 왜냐하면 뉴스에 나오는 부정적인 사건들이 싫어서라고 했다. 그 뉴스를 보고 잠깐이라도 부정적인 생각이 마음에 담기는 것을 꺼려했기 때문이라고 했다. 나는 그 정도로 극단적이진 않지만 부정적인 생각은 되도록이면 피하고 싶다.

생각은 에너지이다. 내가 부정적인 생각을 하면서 어떠한 일을 하게 되면 나비효과처럼 나중에 안 좋은 어떤 일을 불러올지도 모르기 때문이다.

가을에서 겨울로 계절이 바뀔 때면 늘 하는 일이 있다. 바로 감기 예방을 위해 자몽청이나 레몬청을 만드는 것이다. 비교적 손이 많이 가기 때문에 지겹고 힘이 들기도 한다. 보통 자몽 한 박스를 사면 3시간 정도는 청을 만드는 작업에 매달려야 한다. 껍질을 깨끗이 씻고 오렌지 벗기듯 칼로 껍질을 도려낸다. 안에 있는 속껍질은 아주 약하고 부드럽다.

하지만 쓴맛을 없애고 보다 좋은 식감을 얻기 위해 일일이 손으로 알맹이를 싸고 있는 반투명 막을 벗겨낸다. 오랜 시간 자몽과 씨름을 하다 보면 허리도 아프고 목도 뻐근해진다. 지겹고 하기 싫다는 생각이 들기도 한다. 그럴 때면 나는 바로 작업을 멈추고 이내 지갑을 챙겨서 근처 카페로 간다. 거기서 내가 좋아하는 바닐라 라테 한 잔을 마시며 책을 읽고 온다.

내가 좋아하는 일을 하고 나면 금방 기분이 좋아진다. 그러고 나서 다시 집으로 와서 자몽 까기를 이어나간다. 내가 선물한 차를 마시는 사람들이 나의 긍정적인 기운을 같이 느끼기를 바라서다. 만드는 동안 조금이라도 부정적인 마음이 섞이는 것이 싫다. 시중에 나온 자몽청은 달고 값도 싸다. 하지만 거기에는 빠진 것이 있다. 나의 정성과 긍정적인 생각이다. 긍정적인 마음으로 담근 자몽청을 먹고 다른 사람들이 건강해지길 바랐다.

끌어당김의 법칙을 절실히 느낀 사건이 있었다. 올 초 강의를 앞두고 한 달 가까이 강의가 성공적으로 끝나는 것에 집중했다. 물론 연습도 게을리 하지 않았다. 내가 겪는 모든 일과 강의를 성공리에 마치는 것과 연관 지어 생각했다. 스피치학원에 등록하게 된 것은 이 강의를 하기 위한 것이라고 생각했다. 나에게 안 좋은 일이 생긴 것도 내 강의가 잘 끝나려고 그러는 것이고, 출근길 따뜻한 햇살도 마치 강의를 잘하라는 응원으로 느껴졌다. 강의가 두렵다든지 망친다는 생각은 전혀 하지 않았다.

그러자 실전에서 내가 상상했던 것처럼 전혀 떨리지 않았다. 내가 이제껏 가져 보지 못한 기분을 경험했다. 나는 이미 알고 있었다. 전혀 떨리지 않을 것이라는 것을! 사람들의 눈빛도 전혀 낯설지 않았다. 나는 강의 내내 웃음이 떠나지 않았다. 내가 상상했던 그대로 현실이 되었다. 내가 매일 앉는 자리 모니터에 한구석에는 포스트잇으로 쓴 메모가 있다.

"내가 생각한 대로 현실이 된다."

내가 생각한 대로 모두 이룰 수 있다. 나는 이미 한번 경험했고, 더 많은 일을 이루기 위해 좋은 일을 상상하는 것을 게을리하지 않기로 했다. 사건을 더 효과적으로 끌어당길 수 있는 방법이 있다. 바로 생생하게 그것을 느끼는 것이다. 마치 그것을 이룬 것처럼 느끼고 상상하는 것이다. 종이에 쓰고 늘 그것을 이루는 것에 집중해야 한다.

내가 발표불안을 극복하게 된 계기도 "떨면 어쩌지."에서 "잘 될 거야."로 스위치를 전환했기 때문이다. 생각은 백지 한 장 차이이다. 스피치가 괴로움에서 즐거움으로 바뀌는 것은 아주 큰길을 돌아가야 하는 것이 아니다. 설렘과 떨림처럼 그 경계는 아주 모호하다. 어려운 일을 성공시켰을 때 기쁨은 상상을 초월한다.

내가 못한다고 했던 그 일을 해냈을 때 나는 미쳐 날뛰었다. 스피치는 스킬의 문제가 아니라 마음의 문제다. 끌어당김의 법칙을 이용하여 생각의 스위치를 전환하는 법을 연습하도록 하자. 그러면 자신이 원하는 대로 사건을 만들어 낼 수 있다. 마치 흙으로 그릇을 빚는 사람처럼 내가 원하는 모양대로 나의 인생을 만들 수 있다.

아무리 긍정에 초점을 맞춰도 이따금씩 부정적인 생각이 훅훅 찾아온다. 사람은 완벽하지 않다. 하지만 끌어당김의 법칙을 이해하고 연습하면 노력해서 보다 나은 상황을 연출할 수 있다.

나는 종교를 가지고 있지 않다. 무교다. 하지만 어떤 거대한 힘이 있다는 것만은 느낀다. 끌어당김의 힘이 있다는 것만은 분명히 느껴진다.

말은 파장이다. 생각도 진동이 있다. 생각은 과학적으로 에너지를 가지고 있다는 것이 증명되었다. 내가 생각을 하는 순간 우주에서는 이를 이루기 위해 움직이기 시작한다. 내 생각은 주파수 신호이다. 내가 생각하는 대로 상황을 끌어올 수 있다. 스피치의 즐거움에 대해 생각을 하면 스피치가 정말 즐거워질 것이다.

Chapter. 5

발표불안을 넘어 스피치 강사로

내 안의 작은 두 아이

학창시절 나를 그토록 힘겹게 만들었던 건 손을 들고 내 안에 발표를 하고 싶은 욕망이 있었기 때문이었다. 그래서 질문을 하고 싶어 호기롭게 손을 들곤 했다. 문제는 질문을 하려고 하면 목소리가 덜덜 떨리기 시작했다는 거였다.

사실 말하는 게 두렵다면 가만히 있으면 된다. 그럼 그냥 아무 일 없이 조용히 그 상황이 지나간다.

그러나 문제는 나는 기어코 질문을 하려고 손을 든다는 데 있었다. 떨리는 것도 싫지만 궁금한 것 또한 못 참는 성격이었다. 막상 질문을 하고 나면 얼굴이 빨갛게 달아오른다. 물론 다른 사람들은 내 얼굴이 빨개지건, 파래지건, 목소리가 떨리건 크게 신경을 쓰지 않았다.

나는 무대에 서는 것을 두려워하면서도 가끔 나도 모르게 아버지로부터 받은 개그 본능이 꿈틀거려 나서고 싶어 하는 때가 있다. 나를 오래 봐온 사람들은 내가 가지고 있는 이런 이중적인 면에 대해 잘 알고 있을 것이다. 평소 같으면 앞에 나가 사람들의 시선을 받는 것이 두려워 미쳐 버릴 것 같다.

하지만 한 번씩 직장 행사에서 사회자가 오천 원짜리 도서상품권을 걸고 장기자랑을 시킬 때가 있는데, 그러면 뭔가에 홀린 듯 무대로 당장이라도 뛰어 올라가고 싶어진다. 손을 들까 말까 내 안에서 두 사람이 다투는 것 같다. 이런 내 마음을 읽기라도 한 것처럼 그럴 때면 꼭 옆에서 부추기는 사람이 있기 마련이다.

친구가 내 얼굴을 한번 보더니 이렇게 말한다.

"유주영이 출동해라이~"

그 말이 떨어지기 무섭게 나는 손을 든다. 노래를 부르는 것은 미치도록 싫다. 노래를 시키는 사람은 한 대 패주고 싶다. 하지만 가끔씩 직장에서 이런 장기자랑이 있으면 나도 모르게 무대에 서고 싶다는 생각을 한다. 노래를 하거나 개그를 하는 것은 덜덜 떠는 게 티가 나서 선뜻 못 하지만 춤추는 건 괜찮다. 내가 생각해도 나는 막춤은 좀 잘 춘다. "손들어!" "손들지 마!" 내 안에 있는 두 사람은 늘 다툰다. 이기는 쪽은 대부분 가만히 있으라고 하는 소심한 나다.

사회생활을 하면서도 누군가가 나에 대해 안 좋은 얘길 하면 집에 돌아와 혼자 끙끙 앓아누웠다. 아무리 사회생활을 오래 해도 그런 이야기를 듣는 것은 적응이 안 된다. 예전에는 주위 사람들에게 늘 인정받고 사랑받고 싶었다. 누군가가 나를 싫어하는 것 같으면, 내가 무슨 잘못을 한 건 아닌지 보통 신경이 쓰이는 게 아니었다. 마음속으로 나를 합리화 해보지만 관계가 틀어졌다는 그 자체가 내 잘못처럼 느껴졌다.

나는 미움을 받을 용기가 부족했다. 어느 조직이건 나를 싫어하고 미워하는 사람이 10명 중 2~3명은 있다는데, 나는 10명 모두 내 편이기를 바랐다. 이런 습성은 나에게 사회생활을 잘하는 사람, 착한 이미지를 강요했다. 그러면서도 정작 나 자신에 대해서는 스스로를 할퀴고 상처를 내고 있었다. 누군가에게 인정받지 못하면 자책했고, 바보라고 욕하고 스스로 나무랐다.

제일 친한 친구가 많은 사람들 앞에서 실수를 하거나, 바보 같은 일을 저지르고 의기소침해 있다면? 분명히 대부분의 사람들은 괜찮다고 위로를 해 줄 것이다.

"힘내, 그럴 수도 있지. 다음에 잘하면 돼."

하지만 자신이 실수를 한다고 가정하면 너무나 화가 나고 용서가 안 될 것이다. 남들 일에는 너그러우면서도 내가 한 일에 대해서는 사람들은 냉정하고 엄격해진다. 왜 바보같이 그랬냐고. 스스로를 원망하고 욕할 것이다.

나는 다른 사람들보다 나 자신을 더 심하게 나무라고 책임을 묻는 편이었다. 그래서 더욱더 남들 앞에 서는 게 자신이 없었다.

분명히 못나고 약한 자신과 마주하게 될 게 뻔하니까. 발표불안과 마주친 후에는 자신을 용서하지 못할 테니깐 말이다.

나의 가장 친한 친구는 내가 되어야 한다. 하지만 그동안 나는 나의 제일 친한 친구가 되지 못했다. 실수나 잘못을 덮어주지 못하고 오히려 탓하는 못된 친구로 돌변했다. 평소에는 활발하고 쾌활하지만 남들 앞에서 발표를 하고 나면 며칠은 조용하게 지냈다. 진정한 친구로서의 위로 대신 스스로 벌을 주었다.

내 안에는 두 사람의 내가 있다. 한 사람은 아주 활발한 사람이다. 그리고 또 한 사람은 굉장히 소심한 사람이다. 나의 겉 사람은 아주 밝고 활달하다. 하지만 속은 그렇지 못하다. 나의 속 사람은 늘 실수할까 틀릴까 전전긍긍한다. 그러다가 누군가에게 지적이라도 받으면 깊은 좌절감에 빠진다. 남들이 나에 대해 실망하면 나는 나 자신이 그렇게 한심스러울 수가 없다. 남들 눈에는 뭐든지 열심히 하고 웃는 사람으로 보이겠지만 내 속은 아니다. 그런 겉모습을 중요하게 여겨서 더 밝은 척 해온 것도 있다. 이 두 사람은 늘 싸움을 한다.

예전에는 발표불안의 원인이 정신력의 문제라고 생각했다. 내가 의지가 약해서 생기는 것이기 때문에 해병대 캠프나 지옥훈련 같은 트레이닝을 받으면 좋아지지 않을까 생각했다. 뜨거움이나 차가움을 잘 참는 연습을 하거나, 플랭크 자세를 오래 버티는 것이 도움이 될 거라고 믿었다.

어느 날 집 근처 목욕탕을 갔다. 그러다 문득 나는 남들보다 유독 찬물을 싫어한다는 사실을 깨달았다. 여름에도 보일러를 틀지 않고는 샤워를 못한다. 지하수처럼 아주 차가운 물이 아닌 조금 미지근한 물도 극도로 싫어했다.

냉탕에서 도인처럼 견디며 몸을 담그고 있으면 정신력이 강해져서 왠지 발표불안을 극복할 수 있을 것만 같았다. 인내심과 도전정신을 키우자고 마음먹고 냉탕에 잠수를 하기로 했다. "이것도 못하면 너는 다음에 발표할 때 떨릴 거야."라고 속으로 말하면서 찬물에 들어갔다. 이는 덜덜거리지만 나는 용기를 냈다. 찬물에 몸을 풍덩 담갔다. 거의 고문에 가까운 수준이었다. 정신력은 단련이 되었는지 모르겠으나 발표불안 증상은 여전했다. 찬물에 몸을 담근다고 이 불안이 꿈처럼 싹 사라진다고 생각하지는 않았으나 이런 괴상한 짓이라도 해야 될 것 같았다. 발표불안을 극복할 수만 있다면 냉탕은 물론이거니와 펄펄 끓는 온천일지라도 풍덩 몸을 담글 수 있을 것 같았다.

발표불안은 정신의 문제가 아니라 내 마음의 문제였다. 사실 내 정신력은 그 누구보다 강했다. 아주 힘든 일이 생길 때마다 이것도 못 버티면 발표불안은 극복할 수 없다는 생각으로 이를 악물고 버틸 수 있었다.

하지만 좀 더 다정한 말투로 나를 격려했더라면 좋았을 것이다. 이런 극단적인 방법은 나를 더 깎아내리는 일이었다.

하루는 어떤 사람이 내 성격을 두고 이렇게 말했다. 나는 내성적인데 아주 활발한 척하는 사람 같다는 거였다. 순간 뜨끔했다. 내가 평소에 닮고 싶어 하는 모습을 마치 내 원래 성격인 것 마냥 그런 척을 했는데, 남들 눈에는 바로 티가 났던 것 같다.

그는 내가 봐 온 사람 중에서도 다섯 손가락 안에 들 정도로 활달하고 쿨한 성격을 가지고 있는 사람이었다. 그런 성격의 소유자들은 대부분 앞에 나서는 것을 즐긴다. 나는 그저 부러울 따름이었다.

그것은 흉내를 낸다고 가질 수 있는 것이 아니었다. 그렇게 마음먹을수록 더욱 더 멀어지는 것 같았다. 앞에 나서서 사람들을 향해 이야기하며 끌어가고 즐거운 분위기를 만들 수 있는 능력은 신이 주신 아주 큰 축복이었지만 그것은 내것이 아니었다.

내 안의 나와 바깥의 나는 늘 싸웠다. 활발해지고 싶은 나와 소심한 나. 물론 이기는 쪽은 대부분 소심한 나였다.

소심한 내가 싫은 것은 아니다. 하지만 소심한 나와 활발한 내가 중간 절충을 이뤄서 사이좋게 잘 지냈으면 좋겠다. 스피치를 시작하고 나는 이 둘이 만나는 중간 지점을 찾아가는 중이다.

제가요?

"유주영 씨, 스피치 동호회 사회를 맡을 수 있겠어요?"

"제가요?"

평소와 다름없이 출근해서 오전 일과를 보내고 있는데, 스피치 동호회 회장님으로부터 전화가 왔다. 본인이 일이 바빠져서 고정적으로 매주 1회 진행하던 스피치 동호회를 더 이상 할 수 없게 되었다면서 나에게 부탁이 있다고 했다. 내게 모임을 이끌어가 달라는 것이었다.

나는 여전히 떨리고 불안감에서 벗어나지 못하고 있었다. 처음 동호회를 나왔을 때보다는 당연히 말하기가 편해졌지만 사회를 맡을 정도로 베테랑이 되었다고는 생각지 않았다. 며칠 고민할 시간을 달라고 했다. 내가 늘 입 밖으로 스피치강사가 된다고 떠들었던 것을 눈여겨보셨다고 한다. 내 꿈을 이루는 데 도움이 될 것 같아 제일 먼저 내게 제의를 한다고 했다.

나는 그냥 말을 뱉었을 뿐인데, 말의 힘이 무섭다는 것을 한 번 더 깨달았다. 그냥 맡아야겠다는 생각이 들었다. 정말 스피치강사가 되고 싶은 꿈을 가지고 있고, 그런 과정에서 이런 제의가 들어온 것 같아서 기쁘기도 했다.

"내가 정말 말을 못 하는 사람이라면 이런 제의를 안 했겠지?"

나는 동호회에서 나름 인정을 받은 것 같아 주변 사람들에게 자랑을 했다. 사실 사회를 볼 정도의 자질을 가지고 있지 못하다고 내심 생각했으나 이것저것 따지지 않고 그냥 하기로 했다.

"처음부터 잘하는 사람이 어디 있으랴…."

매주 목요일 직장생활을 겸하면서 동호회를 나가기란 생각보다 많이 힘들었다. 나는 사회자라서 빠질 수도 없었다. 한 번은 몸살이 크게 났는데, 내 소심한 성격에 취소하자는 얘기도 못하고 하루 종일 끙끙 앓았다. 힐링이었던 스피치가 점점 스트레스가 되는 것 같았다. 그리고 참석하는 회원들도 점점 줄었다. 내가 사회를 잘 못 봐서 그런 것 같아 더 악착 같이 했다. 오버도 하고, 좋은 글은 눈여겨 뒀다가 멘트를 쓰고, 퇴근을 하기 한 시간 전에 회의실에서 혼자 연습도 했다. 사회를 보면 볼수록 뭔가 밋밋하고 부족한 느낌이 들었다.

결단을 내리기로 했다. 이제 아마추어로 동호회 모임에 참석해 이야기하는 것에서 벗어나 전문적으로 스피치를 배우기로 했다.

바로 근처 학원을 검색한 뒤 상담을 신청했다. 이른 저녁 학원에 도착했다. 단발머리의 눈이 큰 강사가 웃으며 나를 맞이했다. 나는 자리에 앉자마자 찾아온 목적을 이야기했다.

"저는 스피치 동호회에서 사회를 맡고 있어요."

비록 덜덜이지만 나름 동호회 사회자라는 자부심이 있었다. 상담하는 강사에게 내가 완전 초짜는 아니라는 것을 강조하고 싶었다.

"저는 유창하게 말을 하고 싶은 게 아니라 떨지 않고 편하게 말을 하고 싶어요."

내가 예상한 대답은 "제가 그런 고민을 고쳐 드릴게요. 안 떨게 해 드릴게요."라는 말이었다. 하지만 그 스피치강사가 웃으며 꺼낸 말이 나를 놀라게 했다.

"저도 떨려요. 하지만 사람들 앞에서 이야기할 때 덜 떨리게 하는 스킬을 알려드릴 게요."

너무나 충격적인 대답이었다. 스피치강사도 떨린다니! 나는 스피치강사들은 사람들 앞에서 전혀 떨지 않는 타고난 달변가인 줄 알았다. 그들은 말하는 데 전혀 두려움이 없을 줄 알았다. 이 스피치강사도 나와 비슷하구나. 솔직함에 반해서 그 길로 스피치강사 양성과정을 들었다. 98만 원이라는 거금을 일시불로 결재해야 했지만 알 수 없는 확신이 들었다. 태어나서 나에게 이렇게 큰 돈을 투자한 것도 처음인 것 같았다.

사실은 내가 꿈꾸던 CS 강사 과정을 듣고 싶었으나 CS 강의는 점점 수요가 줄고 있으며 스피치강사 양성과정이랑 별반 다르지 않다고 했다.

학원에서는 교안을 짜는 것부터 말하는 방법 등 강사가 되기 위한 과정을 들었다. 스피치 동호회 회원은 점점 줄었지만 예전처럼 그렇게 조급하지는 않았다. 내 스피치가 조금씩 향상되는 게 느껴졌다. 팔 동작, 표정 등도 코칭을 받았다. 스피치 모임은 이제 나의 연습무대와 같았다. 학원에서 배운 내용을 써먹을 수 있는 좋은 기회였다. 동호회 회원들도 진심인지는 모르겠으나 잘한다며 엄지를 치켜세웠다.

학원수업이 거의 끝나갈 무렵 함께 강의를 듣던 지혜 씨로부터 기업체 강의를 같이 해보자는 제의를 받았다.

"제가요?"

나는 여전히 발표불안을 극복하지 못했는데 기업체 강의라니 말도 안 된다. 웃으면서 못하겠다고 했다.

지혜 씨는 전문 스피치강사가 되기 위해 경기도에서 창원으로 혈혈단신 내려왔다고 했는데, 처음에는 얼마나 잘하나 싶어 경계를 하다가 나중에는 나랑 성격이 비슷해서 단짝이 되었다. 지혜 씨는 스피치 경력이 많지는 않았지만, 흔히 말해 배짱이있는 성격이었다.

어느 날 지혜 씨가 직업 강사라는 이야기를 들은 어떤 사람이 CS 강의를 제의했다고 했는데, 자신 있게 수락은 했지만 막상 강의를 하려고 하니 부담스러워 내게 제의를 하게 되었다는 것이다. 그리고 하필 그날 스피치학원 원장님은 광주에서 결혼식 사회가 있어 도저히 도와줄 수도 없는 상황이었다.

　나는 그동안의 스피치 동호회 경력과 강사 양성과정을 테스트해볼 좋은 기회라고 생각해 강의를 맡고 싶기도 했지만 한편으로는 내가 망칠 것 같아서 쉽게 결정을 못하고 있었다. 결국 우리 두 사람은 무모하지만 한 시간씩 나눠서 강의를 해보기로 했다.

　내 꿈은 CS 강사가 아닌가! 내 마음은 이미 스피치강사라는 꿈을 끌어당기고 있었다. 학원에 다니기 시작하던 초반 무렵, 5년 뒤에 CS 강사가 되는 것이 목표라고 했더니 원장님은 이렇게 말했었다.

　"유쌤~ 왜 5년 뒤예요? 그냥 지금 해요."

　문을 두드리다 보니 기회가 거짓말처럼 찾아왔다. 나는 결심했다. 5년 뒤가 아니라 지금 도전하기로. 이 모든 상황이 내가 CS 강사가 되기 위해 만들어놓은 연극 시나리오 같았다. 나는 시나리오에 따라 공연을 하기만 하면 된다. 왜냐하면 그 연극은 성공적으로 마무리될 거란 것을 알고 있으니까.

　나는 자신감과 함께 두려운 감정도 생겼다. 스피치강사라는 사람이 사람들 앞에서 떤다면 아주 큰 웃음거리가 될 것이고, 나는 더 이상 스피치를 할 수 없을 정도로 트라우마가 생길게 뻔했다. 그래서 무조건 성공을 해야 한다. 내 인생을 걸고 한 달 동안 미친 듯이 연습하기로 했다. 김연아 선수처럼 마인드 컨트롤을 하고, 매일 강의 생각을 했다. 자기 전에도 이어폰으로 내 녹음 내용을 듣고, 동영상을 찍어 표정과 제스처를 자연스럽게 연습했다. 대본을 달달 외울 정도로 매일매일 연습했다. 학원에 나가 파트너인 지혜 씨와 강의 연습도 하고 강의장에 사전답사도 갔다. 나는 온통 강의를 성공시킬 생각에 빠져 있었고 이런 준비들은 내가 결코 실패를 할 수 없음을 더 확신시켜 주었다.

기업체 강의는 예상대로 성공적이었다. 내 기준에서 성공적이라는 것은 떨리지 않았다는 것이다. 내용이나 받아들이는 사람들이 지루했든 어쨌든 상관없다. 나는 그 강의에서 하나도 떨지 않고 즐기고 왔다. 길거리 스피치를 할 때보다 더 신나고 설레였다. 이게 바로 스피치의 맛인 듯했다. 그리고 이 기분을 알아버렸다. 사람이 술이나 마약에 중독되듯 아주 행복한 기분이었다. 대중 앞에서 이야기를 하는 동안 사람들이 내 말을 듣고 고개를 끄덕거릴 때의 그 쾌감이란 아주 구름 위를 떠다니는 기분이었다. 내 스피치는 절정을 달리는 듯했다.

학원수업이 끝나고 나는 "트윙클 스피치"라는 학원 소속 스피치강사가 되었다. 대신 스피치 동호회나 비슷한 모임에 회원으로는 갈 수 없다고 했다. 슬펐지만 학원 강사로 강의에 도전해보고 싶었다. 동호회는 그동안 정도 많이 쌓이고 내가 성장하는 데 많은 도움을 받았던 곳이었다. 감사의 말을 전하고 언젠간 돌아오겠다면서 회원들과 작별인사를 나누고 스피치 동호회 최초로 즉

흥적인 졸업사와 함께 졸업을 하고, 나는 스피치강사의 길로 들어섰다.

그해 여름이었다. 문화센터에 나갈 강사가 없어 키즈 스피치강좌를 폐강할 처지라면서 내게 한 번 맡아보지 않겠느냐는 제의가 들어왔다. 나는 가끔 주말근무도 해야 하는 상황이었고 더욱이 키즈 스피치는 한 번도 해본 적이 없었다.

"제가요?"

이번에도 안 되겠다며 거절했다. 집에 와서 곰곰이 생각해보니 주말근무는 탄력적이라서 누군가와 바꿔서 들어갈 수도 있을 것 같았다. 그리고 키즈 스피치는 온몸을 사용하며 무대를 이리저리 뛰어다니면서 강의를 해야 하는데 왠지 내게 많은 도움이 될 것 같았다.

지혜 씨는 저번 학기부터 키즈 스피치를 나갔는데, 내게 강력하게 추천한다며 제발 한 번 맡아보라고 했다. 그래서 눈 딱 감고 이번 학기만 해보기로 했다. 학생도 네 명뿐이어서 큰 부담도 없을 것 같았다. 그렇게 얼떨결에 키즈 스피치를 맡게 되었다.

사람이 자리를 만드는 것이 아니라 자리가 사람을 만든다고 했다. 나는 늘 스피치강사를 하기엔 자질이 부족하다고 생각했다. 다른 사람들에게 새로운 일에 도전하라며 격려했으면서도 정작 나 자신은 능력이 부족해서 못한다며 탓했다.

사람이 갖는 한계는 남이 정하는 것이 아니라 자신이 긋는 것이다. 내가 예전과 달라진 것이 있다면 기회가 주어졌을 때, 일단 도전했다는 것이다. 내가 가진 능력은 나중에 생각하기로 했다. 현재 실력이 부족하다고 생각하니 더욱더 노력하고 연구하게 되었다. 스피치 학원에 등록하고 시강을 하고 키즈 스피치 책을 사서 읽었다. 하다 보니 내가 못할 일은 없었다. 해보지 않은 일에 대한 막연한 두려움만이 있었을 뿐!

나는 내가 이렇게 빨리 스피치강사를 하게 될 것이라고는 상상도 못 했다. 내가 이제껏 써왔던 "제가요?"라는 말은 사실 "나는 못 해요."라는 뜻이었다.

이제껏 해보지 않은 일에 도전하는 것은 쉽지 않다. 나는 "제가요?"라고 하면서 내가 부족하다는 것을 알고는 있지만 무작정 그 일에 도전함으로 해서 다른 사람보다 빨리 극복해낼 수 있었다.

"내가? 과연 해낼 수 있을까?"라는 물음이 생긴다면 그 일에 도전해야 한다. 내가 못한다고 생각하는 그 일을 해내야 두려움도 없어진다.

CS 강사로 데뷔하기

스피치를 시작하고 나서 점점 욕심이 생겼다. 그러다 새로운 꿈이 생겼다. 나는 비록 발표불안 중증환자지만 그걸 극복하고 스피치강사가 되면 어떨까? 하는 상상을 하곤 했다. 생각만으로도 아주 흥분되고 설레었다.

어느 날 동호회 모임에서 자신의 꿈에 대한 자유 스피치를 했다. 나는 이 순간을 기다렸다는 듯이 5년 뒤 명강사가 되고 싶다는 주제로 이야기를 풀어갔다. 그날 이후 내 꿈은 스피치강사가 되었다. 많은 사람들 앞에서 꿈 이야기를 하니 마치 그 꿈이 정말 현실이 될 것만 같은 기분이 들었다.

꿈은 어릴 때에만 꾸는 것이고 그 꿈은 흔히 선생님, 간호사 정도로만 생각했다. 나는 서른이 넘은 나이에 생각만으로도 가슴 뛰는 스피치강사라는 꿈이 생겼다. 우리 병원에는 아직 없지만 서울의 큰 병원에는 원내 CS 강사가 있다는 것을 들었다. 나중에 내게도 그런 기회가 올지 모른다는 생각이 들었다. 언제 생길지 도 모르지만 원내 CS 강사가 되는 것을 목표로 잡았다.

사람들은 좋은 생각이라며 잘할 수 있을 것이라며 응원해 주었다. 하지만 그 길은 멀고도 어렵게만 느껴졌다. 그래서 "5년 뒤에 이미 나는 스피치강사가 되어 있다." 라고 생각하기로 했다. 5년 뒤에 강사가 되어 5년 전의 나를 돌아본다면, 지금 서툴고 실수하는 것은 귀여운 추억쯤으로 여길 수 있을 것 같았다. 스피치 강사가 되어 내 꿈을 이루었다고 생각하고, 나는 그때까지의 5년이라는 시간을 차곡차곡 준비하는 기간이라고 여기기로 했다. 가끔은 포기하고 싶을 때가 찾아오기도 했으나 나에게는 반드시 이루고 싶은 꿈이 있기에 곧 다시 일어설 수 있었다.

꿈을 이루기 위해 그저 생각만 하지 않았다. 사람들에게 내 꿈에 대해서 반복해서 이야기했다. 스피치 동호회라는 좋은 연습 무대가 있었기 때문이었다.

그러다가 학원 수업이 끝나갈 무렵 지혜 씨가 솔깃한 제안을 해온 것이다.

"CS 강의 같이 해볼래요?"

나는 심장이 쿵했다. 처음 이 말을 들었을 때 못할 것이라는 생각이 들었고, 두 번째는 두려웠지만 한편으로는 "드디어 올 것이

왔구나!"라는 생각이 들었다. 피해를 주는 게 아닐까 싶어 생각을 해보겠다고 했지만, 욕심도 났다. 내 실력을 검증하는 좋은 연습무대로 생각했다. 이때까지 1년 5개월이라는 시간 동안 스피치를 해왔는데 가능하지 않을까? 기회는 잡는 자의 것이라고 했던가?

이제껏 들이댔던 것과 마찬가지로 "해볼래요. 하겠어요!"라고 말했다. 지금 지혜 씨는 트윙클 스피치학원 부원장으로 있지만, 이때만 해도 우리는 스피치 초보강사였다. 온통 강의에 대해 생각하고 내 인생을 걸겠다고 생각했다. 이 무대만 성공하면 나의 발표불안은 영원히 안녕을 고하게 될 것 같았다.

의뢰가 들어온 곳은 다름 아닌 병원이었다. 25명 정도의 직원이 근무하는 요양병원이었는데, 나의 병원 경력이 강의를 하는 데 도움이 되었다. 근무를 하면서 느낀 고충을 이야기하면 직원들이 더 공감하고 좋아할 것 같았다. "이 강의를 할 사람은 나밖에 없지." 마치 누군가 일부러 나에게 CS 강사로 무대에 설 수 있는 기회를 주기 위해 꾸민 건 아닐까 하는 의심이 들 정도로 이 강의를 맡을 적임자는 바로 나뿐인 것 같았다.

유튜브는 정보를 얻는 아주 쉽고 편리한 공간이었다. CS 강의 중에 4~5가지를 골라서 나와 비슷한 캐릭터를 가진 강사를 골랐다. 그리고 내용이 괜찮은 것을 찾아 비슷하게 연습했다. 말투 표정 그리고 농담과 애드리브를 치는 타이밍까지! 사실 그렇게 유창하게 말을 잘하고 싶은 욕심까지는 없었다. 단지 떨지 않고 50

분을 잘 넘기고 싶은 생각이 제일 1순위였다.

내 안에 있는 모든 능력을 총동원해서 멘트를 만들고 다듬었다. 50분짜리 강의라서 A4용지 11장에서 12장 분량이 나왔다. 예전에 길거리 스피치를 할 때의 원고가 A4용지 한 장 분량이었는데, 약 5분 정도가 나왔다. 예전 경험을 살려 50분 전후로 강의가 끝날 수 있게 원고 분량을 맞추고 더 좋은 문구가 없을지 고민의 고민을 거듭하며 내용을 채웠다.

다행히도 초능력이라도 생긴 것처럼 일이 잘 풀렸다. 원고가 완성되니 이제 연습만이 살 길이었다. 어느 방송 프로그램에 나온 아이돌 가수가 밤 12시에 깨워 안무를 시켜도 몸이 알아서 움직일 정도로 죽도록 연습했다고 한 말이 기억났다.

내 몸의 세포 하나하나가 강의 내용을 기억할 수 있도록 밤낮으로 내용을 듣고 쓰고 말했다. 자기 전에는 이어폰을 꽂고 잠이 들기 직전까지 내용을 들었다. 내가 생각해도 이 정도로 용을 쓰면 잘 안 될 수가 없을 것 같았다. 비록 한 달이라는 준비기간이었지만 나는 천 년처럼 길게 느껴졌다. 나의 모든 하루와 끝은 강의에 집중되어 있었다. 자세 하나도 그냥 구부정하게 하기 싫었다. 마치 유명 강사가 된 것처럼 당당하게 보이고 싶었다. 출근을해서도 복도에서 걸을 때도 내가 지을 수 있는 최대한 도도한 자세로 걸었다.

전에 스피치 모임에서 사자의 자세에 대해 이야기를 들은 적이 있었는데, 마치 내가 밀림의 왕 사자가 된 것처럼 자신감 있는 태도를 가지는 것도 스피치를 잘하는 방법 중에 하나라는 말이 떠올랐다. 매일 발음 발성 연습을 하는 것도 중요하지만 평소에 당당한 자세를 갖추는 것도 무대에서 당당해지는 방법 중 하나라고 했다.

그리고 CS 강의를 성공적으로 마친 후에 할 일들에 대해 생각했다. 카카오톡 프로필에 넣을 문구와 사진, 그리고 강의가 성공적으로 끝났다고 알려 줄 사람들이 몇 명 정도 되는지 헤아려 보았다. 엄마, 동호회 회원들 그리고 직장동료와 고등학교 친구까지…. 이런 상상을 하니 정말 심장이 터질 듯 기뻤다.

강의는 아직 시작도 안 했지만 마치 성공리에 마친 상상을 하는 것은 너무나 즐거운 일이었다. 이렇게 긍정적인 상상은 강의에 큰 도움이 되었다. 나도 모르게 훅 치고 오는 두려움이 즐거움으로 바뀌었다. 예전에 업무상 강의를 준비할 때는 한 달 전부터 두통과 극심한 스트레스, 우울감만 느껴졌다. 하지만 이제는 강의 준비가 너무 즐거운 일로 느껴졌다.

그리고 강의를 준비하면서 내가 중요하게 생각한 것은 강의를 할 때 입을 옷을 고르는 것이었다. 내가 좋아하는 헤어스타일, 메이크업과 귀걸이, 치마와 블라우스, 구두까지 머릿속으로 그렸다. 그리고 성공적으로 강의를 마치게 되는 것에 대해 더욱더 생생하게 그렸다. 대충이 아니라 코털까지 생생하게 그려보자~ 아주 디테일하게 그려보기로 했다. 그런 다음 나는 강의 전날 밤부터 강의가 끝났을 때까지 나의 모습을 머릿속에 그리고 또 그렸다. 내가 상상한 의상을 입고 나는 어떤 표정으로 이야기를 하는지, 청중들은 또 어떤 표정으로 바라보는지, 고개를 끄덕이고 얼마나 집중해서 내 말을 듣는지 머릿속에 그려보았다. 뭐 상상이니까 돈 드는 것도 아닌데, 아주 멋진 내 모습을 자꾸 상상해 보았다. 이것은 완벽한 마인드 컨트롤이었다.

한 번도 해보지 않은 일에 대한 막연한 두려움, 잘해야 한다는 압박감…. 나의 첫 CS 강의는 어땠을 것 같은가? 물론 대성공이었다. 프로 강사들 눈에는 그저 병아리 초짜 강사의 귀엽고 어설픈 강의였을지 모르겠다.

하지만 나는 내 인생 최고의 짜릿한 경험을 했다. 난생처음으로 프레젠터 리모컨을 사용해보았고, 처음 보는 사람들에게 능청스럽게 내 직업이 무엇인 것 같으냐고 애드리브를 치기도 했다. 정말 웃기게도 '가수'라는 답을 들었다. 그만큼 여유로워 보였다는 증거 같았다.

원장님의 조언대로 첫 멘트를 아주 시원하게 크게 질렀다. 걱정했던 오프닝 멘트도 지혜 씨랑 둘이서 아주 능글맞게 잘 진행했다. 오프닝이 나름 만족스러워서 그런지 실제 강의는 떨리지 않았다. 청중들과의 거리가 가까워 손발이 달달 떨리는 것을 들키면 어떡하나 했는데, 괜한 걱정을 했나 싶을 정도였다. 한 문장을 이야기하고 나면 머릿속에 내가 하고 싶은 다음 말들이 차근차근 떠오르는 게 아닌가! 말을 할수록 더욱 자신감이 생겨서 여유를 찾게 되었다. 그래서 강사들이 여유롭게 보였던 것인가 보다. 그때 나는 그동안 보았던 강사들이 어떤 느낌으로 강의를 했는지 처음으로 이해할 수 있게 되었다.

내게는 남아 있는 일이 있었다. 내가 머릿속에 그렸던 시나리오대로 사람들에게 성공적으로 강의를 마쳤다는 메시지를 보내고 카카오 톡 프로필 사진과 상태 문구도 바꾸었다. 마이크를 들고 강단에 서 있는 내 모습과 '내 생애 최고의 날'로 말이다.

머릿속으로 하도 상상을 많이 해서 마치 예전에도 이렇게 바꾼 기억이 있는 것 같이 데자뷰처럼 느껴질 정도였다. 분명히 나는 처음 겪는 일이지만 마치 여러 번 한 것처럼 내가 할 일을 마무리 지었다. 이로써 내 강의는 진짜 끝이 났다.

돌아오는 차 안에서 소리를 꽥 질렀다. 신이 나서 차 지붕을 뚫고 날아갈 것만 같았다. 내가 자랑스럽고 멋지게 느껴졌다. 그동안의 노력들이 도전들이 오늘 강의를 위한 연습의 시간처럼 느껴졌다. 내 인생에 세 손가락 안에 들 정도로 미칠 듯이 행복한 최고의 하루였다.

키즈 스피치강사를 하며 배운 것들

"할 수 있다고 생각하면 할 수 있고, 할 수 없다고 생각하면 할 수 없다."

내가 아주 좋아하는 말이다. 키즈 스피치강사를 하면서 어린 친구들에게 용기를 심어주기 위해 수업시간에 자주 했던 말이기도 하다. 이렇게 얘기하면 유치부, 초등부 아이들은 초롱초롱한 눈빛으로 고개를 끄덕인다.

맞는 말이다. 생각은 힘이 있다. 내가 만약 '사과 주스를 먹어야지' 라고 생각을 했다고 치자. 나는 머리로 생각만 했는데, 내 다리는 냉장고 쪽으로 향하고 내 손은 냉장고 문을 열기 위해 뻗는다. 입에는 침이 고이고, 장은 소화를 시키기 위해 연동운동을 한다. 생각은 일어날 미래의 상황에 대비해 준비 태세를 갖춘다.

어떤 사람에게 매일 피아노 연습을 하게 했다. 그리고 며칠 뒤

피아노 없이 머릿속으로 피아노를 치는 생각만 하게 했다. 그러자 손으로 건반을 누르지 않았음에도 불구하고 피아노를 칠 때와 같은 뇌의 부분이 활성화되었다고 한다. 생각만 했는데도 실제 행동한 것처럼 우리의 뇌는 움직인다.

이렇듯 생각은 행동과 아주 밀접한 관련이 있다. 내가 두렵고 무섭다고 생각만 해도 우리 몸은 벌써 두려움에 대한 반응을 한다. 이것이 무의식이다. 무의식은 나도 모르게 생각이 심어져서 몸을 컨트롤한다. 내가 스피치를 두려워하면 내 몸은 이미 두려움에 대한 반응으로 손발이 떨리고 얼굴이 빨갛게 달아오른다. 뇌는 단순해서 반대로 발표가 두렵지 않다는 생각을 자꾸 하면 생각보다 떨리지 않는다.

작은 교실에 아이들 목소리가 쩌렁쩌렁 울린다.

"앞집 팥죽은 붉은팥 풋팥죽이고, 뒷집 콩죽은 해콩 단콩 콩죽."

나를 따라서 아이들이 열심히 따라 읽는다. 어떨 때는 옆 반에서 진행하는 쿠킹 클래스 수업에 방해될까봐 조용히 하라는 제스처를 보낸다. 그러자 기다렸다는 듯이 아이들은 더 크게 소리치며 웃는다. 이게 말하는 즐거움이지. 처음 키즈 스피치를 시작할 때 아이들이 내 수업에서 말의 즐거움을 배워서 갔으면 했다. 유년시절 내게 말하기는 공포이자 두려움이었다. 하지만 이 아이들은 달랐다.

"스피치 재미없지?"

"아니오. 저는 이때까지 들은 수업 중에 스피치가 제일 재미있어요."

이때까지 발레, 방송 댄스, 영어, 한자, 수영, 심지어 아이스하키까지 배웠다는 아이는 내 스피치 수업이 제일 재미있다고 엄지를 치켜세운다. 개구쟁이 남자아이가 자신의 목소리를 더 크게 내려고 의자 위로, 책상 위로 올라간다. 처음에는 제발 좀 앉아보라고 손을 모아 사정한다. 그러다가 문득 이런 생각을 한다. 살다가 언제 이렇게 교실 책상에 올라서 보겠는가? 스피치 수업을 듣는 모든 아이들에게 의자 위로 올라가 보라고 했다. 마치 신나는 파티나 축제의 한 장면 같았다.

대형마트 문화센터에서 하는 키즈 스피치 수업을 처음 맡았을 때 수강생은 딱 네 명이었다. 처음에는 세 명이었는데, 중간에 한 친구가 추가 등록을 해서 네 명이 되었다. 처음에 수업을 맡았을 때는 어떻게든 수업을 잘 해야 한다는 생각에 스트레스가 말도 못했다. 도대체 해본 적도 없는 수업을 나보고 어쩌라는 것인지.

수업을 맡긴 스피치 학원 원장님도 강의를 한다고 말한 나도 정말 대책이 없긴 마찬가지였다. 내 수업이 혹시나 재미없다는 학생이 있을까봐 수업 전에 잠시 마주치는 학부모들을 만나는 것도 두려웠다. 어린이를 대상으로 하는 수업은 특성상 부모님들이 접수대 근처에 앉아서 수업이 끝나기를 기다리고 있었는데, 얼굴을 알고는 있지만 모르는 척 빙 돌아서 휘리릭 강의실로 들어가곤 했다. 처음에는 학부모님이 말이라도 걸어오면 눈도 못 마주쳤다.

하지만 시간이 지날수록 언니 동생같이 자연스럽게 친해지게 되었다.

"이번 수업에는 신문지를 들고 가서 부끄부끄 유령을 그려서 다 같이 찢는 퍼포먼스를 해야지. 오늘은 종이 마이크를 들고 기상캐스터가 되어서 날씨를 브리핑하는 수업을 해야지."

아이디어들이 떠올랐다. 어떤 날은 그 전날까지 도대체 무엇을 할까 고민하다가 수업 시작 몇 시간 전에 기발한 아이디어가 떠오르기도 했다. 그리고 그런 아이템들이 잘 먹힌 날은 정말 뿌듯했다. 수업을 더 신나고 재미있게 할 수 있는 방법을 생각하다가 나부터 자신감을 장착할 필요가 있다고 생각했다. 나는 아이들에게 자신감 있는 모습을 보여주려고 토끼 머리띠며 미키마우스 머리띠를 쓰고 주차장에서 문화센터까지 창피함을 무릅쓰고 일부러 캣 워킹으로 당당하게 걸어가기도 했다. 그러다가 에스컬레이터에서 반 아이들이라도 마주치면 나는 전혀 부끄럽지 않다는 듯이 반갑게 손을 흔들었다.

이런 나의 행동들이 부모님들 눈에 재미있으면서도 분명 자녀들의 자신감을 끌어올려 주리라는 믿음을 준 것 같았다. 내가 맡았던 키즈 스피치반은 점점 수강생이 많아졌다. 여름학기가 끝나고 다음 가을 학기에는 10명을 채워야지 하고 생각했는데, 딱 10

명이 등록을 했다. 그리고 겨울 학기에는 18명이 수강신청을 했다.

키즈 스피치 수업은 딱딱하게 진행할 수가 없다. 집중력이 약한 아이들을 조금이라도 수업에 참여시키기 위해 나는 목소리를 더 크게 내고 강의실을 뛰어다녔다. 몸동작도 크게 하고 표정도 다양하게 지어서 조금이라도 아이들이 내게 눈길을 주도록 했는데, 수업 중 아이들에게 약간의 허점을 보이면 너도나도 자기 이야기를 하기 바쁘다. 그래서 아이들을 휘어잡을 나만의 카리스마도 필요했고, 여러 스킬들도 연습하고 연구하다 보니 나는 어느새 강사로서 강의할 때 필요한 요건들을 갖추어 나가고 있었다.

겨울학기 첫날 반에 모인 아이들에게 물었다.
"선생님은 스피치를 잘하는 것 같아?"
"네."
"그럼 애들아, 너희는 스피치를 잘 하니?"
애들은 합창을 하듯이 "아니오." 라고 대답했다.
"그럼 이 수업이 끝나는 12번째 날에는 너희가 스피치를 잘할 것 같니?"
"네!!!!"

아이들은 답을 알고 있었다. 이 수업을 모두 마치게 되면 본인

의 스피치 실력이 향상되리라는 것을 말이다. 할 수 있다고 생각
하는 신념, 바로 이 강한 믿음이 스피치를 잘하는 사람으로 만든
다. "할 수 있다."와 "할 수 없다."라는 생각은 처음에는 50대 50
으로 팽팽하다. 그러다가 조금이라도 이기는 쪽이 생길 것이다.
아이들은 벌써 "할 수 있다."에 자신의 생각을 맞추어 놓았다. 나
는 수업시간 50분 동안 "할 수 있다고 생각하면 할 수 있고, 할
수 없다고 생각하면 할 수 없다." 이 말을 수도 없이 했었다. 이는
아이들에게 해 준 말이기도 하지만 바로 나 자신에게 해 준 말이
기도 했다.

실제로 큰 무대에 서기 전에 나는 마음속으로 이 말을 외운다.
마치 성공의 주문처럼 내 생각은 "할 수 있다."에 배팅을 하게 되
었다. 그리고 이 주문은 항상 나의 스피치를 성공으로 이끌었다.

내가 키즈 스피치를 맡게 된 것은 우연이 아니라고 생각한다.
내가 명강사가 되기 위한 거름이고 초석을 다지는 작업이었다.
나는 어차피 나중에 명강사가 될 것이라는 답을 나는 이미 알고
있으므로 걱정을 할 필요가 없다고 생각했다.

키즈 스피치 수업은 재미있으면서도 힘들었다. 하면 할수록 내
가 과연 잘하고 있는지 의문이 들었다. 다른 실력 있는 선생님들
도 많은데 욕심을 부려서 괜히 한다고 한 것만 같았다. 그러다가
개인 사정으로 겨울학기를 끝으로 키즈 스피치 수업을 그만두게
되었는데, 초등반 9명이 전원 취소를 해서 폐강 처리를 했다는

연락을 받았다.

문화센터 매니저에게 폐강 이유를 물어보니 강사가 바뀌어서 그렇다고 했다. 내 뒤를 이어서 수업을 진행하기로 한 스피치 선생님께 괜히 미안한 마음이 들었지만 한편으로는 내가 수업을 못하진 않았구나, 하는 마음도 들었다.

처음에는 학원 선생님 두 분이 갑자기 임신을 하게 되어 땜질로 시작한 수업이었다. 걱정도 많았다. 그러면서 수강생들이 하나 둘 늘어나면서 스피치에 대한 자신감도 커져갔었다.

어떻게 보면 짧은 기간의 경험이지만 키즈 스피치를 통해 나는 많은 것을 배울 수 있었다. 어쩌면 스피치 스승은 내가 아닌 이 아이들일지도 모른다는 생각이 들었다. 열심히 노력하면 스피치를 잘 할 수 있다는 신념을 내 가슴 깊이 새기게 된 키즈 수업은 걱정했던 것과 달리 무사히 마칠 수 있게 되었다.

더 이상 사람들 시선이 두렵지 않다

자기소개를 하는 시간이 되면 내 심장은 더 이상 내가 제어할 수 없게 된다. 자기소개를 할 것 같은 상황이 오기만 해도 쿵쾅쿵 쾅 심장이 내 의지와는 상관없이 미친 망아지처럼 날뛰기 시작한다. 그러다가 내 순서가 점점 다가오면, 현기증이 날 것 같다. 죽고 싶을 만큼 이 상황을 벗어나고 싶다.

그런데 어쩌다가 내 앞에 있는 사람이 말을 더듬거나 발음이 꼬인다 싶으면 그때부터 마음이 편해진다. 누군가 나보다 말을 더 못 하는 사람이 있으면 갑자기 뛰던 심장이 안정이 되었고, "저 사람보다는 잘할 수 있어." 라는 생각이 들었다.

하지만 내가 첫 순서로 하거나 내 앞에 있던 사람들이 자기소개를 다 잘한다면? 그날 나는 최악의 덜덜이와 만나게 된다. 내가 떨지 않으면서 말을 잘하고 못하는 것이 남들의 행동에 달려 있었다.

다른 사람들이 잘할수록 나는 더 주눅이 들고 발음이 꼬였다.

남들이 나보다 못하는 것 같으면 갑자기 없던 자신감이 생겨나면서 내 어깨가 펴졌다. 이렇듯 나는 좁은 속마음을 가지고 있었다. 그래서 더 발표불안을 극복하기가 어려웠다. 내 인성의 그릇이 너무 작았고, 내 못난 밑바닥을 드러내는 행동이었다. 초등학교 시절 친구가 실수하기를 바라고 그것을 비웃었던 그 못나고 좁은 마음이었다. 지금은 항상 다른 사람들이 두려움 없이 잘하기를 응원한다.

스피치 모임에 가면 늘 자기소개 시간이 있다. 그래서 처음 오는 회원들이 있거나 늘 하던 룸이 차서 다른 방으로 예약을 잡게 되면 더 긴장이 된다. 환경이 바뀌거나 인원이 많으면 불안한 마음이 더욱 증폭된다. 사람들 앞에서 잘하고 싶은 마음이 늘 앞서기 때문이다.

그러던 어느 날 스피치의 기준을 나로 잡기로 결심했다. 남들이 말을 잘하고 못 하는데 잡지 않고 내 평소 실력보다 잘하면 잘한 거고 못하면 다음에 잘하면 된다고 생각했다. 그 뒤로는 마음이 한결 편안해졌다.

일주일 뒤에 사내에서 업무보고가 있었다. 의사들도 함께 있는 자리라서 더욱더 실수를 하면 안 된다. 예전 같았으면 보름, 한 달 전부터 심장이 터져 나갈 듯이 뛰고 밥맛도 없고 삶의 의욕도 사라졌었다.

그러나 이번에는 뭔가 이상했다. 일주일 전임에도 마음이 느긋

하다. 업무보고가 예전처럼 크게 걱정이 되지 않는다. 잘 되겠지. 그냥 이게 끝이다. 예전의 내가 아닌데? 이게 보통 사람들이 발표를 앞두고 느끼는 감정이구나. 그제야 깨달았다. 나는 그때까지 심각할 정도로 과하게 걱정을 하던 사람이었다는 것을. 아직 일주일이나 남았어. 그런데 왜 예전에는 한 달 전부터 그렇게 걱정을 하고 살았을까?

드디어 하루 전날이 되었다. 그래도 크게 걱정이 되지 않았다. 그깟 5분짜리야 뭐 식은 죽 먹기지! 내가 업무보고를 할 차례가 되었다. 미소까지 지으며 무사히 마쳤다. 한 달 전부터 전전긍긍하던 때보다 더 말이 잘 나왔다. 예전에는 뭐가 그리 걱정이고 고민이었을까.

그동안의 내 모습이 스쳐 지나가면서 허무하기까지 했다. 물론 남들 눈에는 100점짜리 보고가 아니었을 것이다. 나는 이제껏 남들 기준에서 나를 평가했다. 지금부터는 나 유주영을 기준으로 삼기로 했다.

누군가 나에게 질문을 한다.

초등학교 5학년 때까지만 해도 발표를 잘했는데, 어느 날부터 말이 빨라지고 목소리가 심하게 떨린다고 한다. 심장도 미친 듯이 쿵쾅거리고, 목이 막히면서 발표가 너무 힘들다고 했다. 순간 누가 내 이야기를 써놓은 게 아닐까 하는 생각이 들었다. 예전의 발표 트라우마로 인해 지금은 발표 이야기만 들어도 심장이 뛰고 남들이 이상하게 볼까봐 두렵다고 했다.

나는 발표를 할 때 이런 생각을 가지고 한다.

틀려도 되고, 못해도 된다.
사람은 누구나 실수를 한다.
나는 나를 사랑한다.
다음에 잘하면 된다.
나는 너무 예쁘다. 사랑스럽다.
심장이 두근거리면, 내 심장이 튼튼하네.
발표불안은 누구나 가지고 있고, 정도의 차이만 있다.
이것은 자연스러운 현상이다.

한두 사람의 친구들과 이야기를 나눌 때는 별로 느끼지 못하는데, 무대에 서면 이런 증상들이 잘 느껴진다. 발표불안은 자연스러운 현상이므로 너무 겁먹지 말자. 남들도 말을 하지 않을 뿐 다들 두려워하고 있다. 나는 남들보다 조금 더 떨릴 뿐, 다른 사람들도 다 떨린다는 사실을 잊지 말자.

사실 전혀 불안하지 않다는 말은 거짓말이다. 다만 전보다 덜 걱정하고 덜 불안해 하게 되었다. 아나운서나 리포터처럼 말을 유창하게 하지는 못한다. 하지만 내 심장소리를 내가 듣지 않아도 될 정도는 되었다. 이것은 커다란 발전이다. 과거에는 내가 발표할 차례가 되면 죽을 것 같은 공포가 찾아왔는데, 이제 죽을 것 같지는 않다. 약간 긴장은 되지만 감당할 수 있을 정도이다. 정말 하나님 부처님 모든 분들에게 절이라도 하고 싶었다. 특별한 사건이 있었던 것은 아니지만 그동안 포기하지 않고 꾸준히 해온 것이 비결이라면 비결이다. 나도 이런 내가 신기하다. 퇴사를 고민했던 지난날이 먼 이야기 같다.

등산모임을 가면 산에 오르기 전 회원들끼리 간단하게 자기소개를 한다. 사람들은 내가 스피치강사로 활동하고 스피치 동호회 모임에 나간다는 것을 알고 있었다.

그날 내가 평소보다 좀 떨었던 것 같다. 한참 뒤에 등산모임 회원을 만날 기회가 있었는데, 이렇게 말했다.

"그날 너 많이 떨더라."

그 얘기를 듣는 순간, 며칠 전 아침 내가 임팩트 있게 자기소개를 하려고 했던 기억이 떠올랐다. 순간 얼굴이 화끈거렸다. 스피치강사가 왜 그렇게 말을 못 하냐고 할 것 같았기 때문이다.

그때 내 속마음이 이렇게 이야기했다.

"그럴 수도 있지. 좀 못하면 어때? 이게 직장이야? 사람이 좀 못할 수도 있지."

동호회 모임인데 좀 못한다고 누가 뭐라고 하는 것도 아니고, 많이 떨었다고 해도 좀 비웃고 말겠지 했다. 하지만 그날 나는 내 기준에서는 열심히 잘 했다. 그걸로 된 거다. 열심히도 관찰했네. 나는 별로 몸이 안 떨렸다고 생각했는데, 사람들이 다닥다닥 붙어 있어서 그런 작은 움직임들도 느껴졌던 것 같다.

떨고 안 떨고는 중요하지 않다. 내가 이것을 대수롭지 않게 생각했다는 점이 중요한 것이다. 그동안 남들의 시선이 너무나도 신경이 쓰였지만 어느 순간 불안하지 않았다. 보통 사람들은 말할 때 이런 기분이었구나. 나도 보통의 사람들처럼 반응을 하는구나. 불안한 마음에 온 신경이 쓰이고, 털 하나까지 곤두섰던 모습은 사라지게 되었다. 두렵긴 하지만 할 수 있을 것 같은 마음, 좀 긴장하면 어때 하는 마음….

나는 스피치를 시작하고 드디어 불안에 덜 집중하는 방법을 터득하게 되었다. 그리고 남들이 나에 대해 어떻게 생각할지 걱정스럽지 않다는 점, 떨리긴 하지만 대수롭지 않게 여기게 된 것, 다시 말해 나는 보통사람으로 돌아온 것이다. 로봇처럼 전혀 안 떨릴 순 없지만, 떨림을 크게 안 받아들이게 되었다. 자연스러운 내 몸의 반응으로 인식했다.

남들이 뒤에서 수군거리든, 흉을 보든 그것은 그들의 몫이다. 나는 내가 할 수 있는 범위에서 최선을 다하고 후회하지 않으면 그것으로 된 것이다. 남들이 세워놓은 기준에 나를 맞추려고 하지 않고 기준을 나에게 두어야 한다. 그러면 잘했을 때 칭찬할 수 있고, 못해도 괜찮다고 여길 수 있다.

20년이란 시간이 걸렸다. 나는 그동안 왜 이 쉬운 방법을 터득 못하고 힘들어 했을까? 모든 열쇠는 내 안에 있었는데, 밖에서만 찾으려고 했다. 스피치 스킬에 대한 강의를 듣고, 잘하는 사람의 노하우를 들으려고만 했다. 낭독 연습을 하고 발음 연습에서 답을 찾으려 애썼다.

정작 내 마음의 스위치 하나만 바꾸어 켰을 뿐인데 발표불안에 대한 생각이 완전히 바뀌게 되었다. 스피치를 잘하는 사람을 보면 여전히 부럽다. 하지만 사람은 저마다 향기와 색깔이 있고 나도 나만이 가진 색이 있다는 걸 이제는 안다. 모든 사람이 아나운서처럼 명확한 발음으로 논리정연하게 말을 한다고 생각하면 얼마나 재미가 없을까.

스피치에는 룰이 정해져 있지 않다. 구수한 사투리를 쓰는 시장의 상인, 깐죽대는 개그맨…. 그들은 자신의 색깔로 이야기한다. 그러니 무조건 정해진 틀에 갇혀 남들이 듣고 싶어 하는 방식으로 스피치를 할 필요가 전혀 없다.

내 생각을 나만의 목소리, 나만의 방식으로 이야기하면 된다. 남들이 원하는 스피치가 아니라 내가 원하는 스피치를 해야 한다. 그러면 마음속의 불안도 어느새 사라질 것이다. 떨린다고 하더라도 그 떨림을 자연스럽게 받아들이고, 불안과 두려움이 아닌 즐거운 두근거림으로 다가올 때까지 나를 사랑하는 스피치를 해야 한다.

Chapter. 6

스피치의 인생법칙

감사 법칙

스피치를 시작한 이후, 나는 여러 가지 일들에 도전하면서 실패도 하고 좌절을 맛보기도 했다. 그 과정에서 여러 습관을 가지게 되었다. 누가 시키지는 않았지만 나는 내 삶을 변화시켜 줄 좋은 습관을 지니게 되었다.

어떤 행동을 습관으로 만들기 위해서는 최소 21일 동안 반복해야 한다. 지금은 이것들을 습관이라고 부르기조차 어색할 정도로 그냥 내 삶의 일부가 되었다.

스피치를 잘하기 위해서 나는 어떤 일을 해야 할까? 살아가는 모든 중심을 스피치에 두고 나서 나는 바로 운동을 해야겠다고 생각했다. 그리고 책을 꾸준히 읽겠다고 생각했다. 신체를 단련하고 내 몸을 사랑하는 것은 스피치를 잘하기 위한 방법이라는 이야기를 누구도 해 준 적은 없다. 나도 모르는 사이 내 몸이 알아서 내가 해야 할 일을 찾아서 하고 있었다.

등산을 가면 긍정적인 에너지가 솟아나고, 아이디어가 떠올랐다. 자연에서 나무가 뿜는 향기를 맡고 땅이 주는 기운을 받고 나면 더욱 더 좋은 생각이 생겨났다. 이것은 누가 시킨 것이 아니었다. 앞으로 어떤 일을 해야 하는지, 내가 좋아하고 잘하는 것은 무엇인지 내 몸이 알아서 그런 일을 찾아서 하고 있었다.

그렇게 해서 스피치를 할 때 불안이 줄었는지, 불안이 감소해서 이런 일들을 하게 되었는지 순서는 모르겠다. 나는 내가 하고 싶은 일 혹은 해야 하는 일을 그냥 했다. 그 일들은 조금씩 소복소복 쌓여 사람들 앞에서 내가 더 당당할 수 있도록 도와주었고, 그토록 간절히 원하던 말을 하는 즐거움을 알게 해 주었다.

자존감을 가장 높이는 제일 좋은 방법은 감사일기를 적는 것이다. 감사일기는 그날 있었던 일 중에 아주 사소한 것이라도 감사한 일을 다섯 가지 적는 것이다.

처음 감사일기를 적은 것은 20명이 넘는 스피치모임 단체 톡방이었다. 다섯 명이 자유롭게 신청을 하기로 했다. 나는 당연히 그때도 먼저 하겠다고 지원했다. 처음에는 내 이야기를 사람들 앞에서 하는 것이 마치 내 자랑을 하는 것 같기도 하고, 쑥스럽기도 했었다.

딱 한 달 동안이었다. 나는 하루도 빠지지 않고 내 감사일기를 올렸다. 회식이 있는 날은 자정이 다 된 시간에 단체 톡 방에 올리기도 했다. 나와의 약속이기 때문에 남들에게 민폐를 끼치더라도 약속을 어기기 싫었다. 내용은 아주 사소한 것들이었다.

1. 맛있는 음식을 해 주셔서 감사합니다.

2. 날씨가 좋아서 감사합니다.

3. 출근길에 버스가 바로 와서 감사합니다.

4. 튼튼한 두 다리가 있어 감사합니다.

5. 오늘이 금요일이라서 감사합니다.

시간이 없을 때는 짧게 한 줄씩 적기도 하고, 주말 같은 날에는 길게 나의 감정까지 넣어서 적었다. 시간을 투자하는 것은 그다지 어렵지 않았다. 길어도 5분 정도면 감사일기를 적을 수 있었다.

하지만 내가 제일 힘들었던 부분은 바로 사람들의 시선이었다. 여러 사람이 함께하는 톡방이다 보니 남들이 나를 어떻게 볼까 하는 것이 제일 마음에 걸리는 부분이었다. 내가 김치찌개를 끓였는데, 가족들이 맛있게 먹어줘서 감사하다는 내용을 올렸다. 마치 내가 요리를 아주 잘한다는 자기 자랑처럼 느껴졌다. 다른 사람들은 전혀 그렇게 생각하지도 않는데 말이다.

그렇다. 나는 남들 시선에서 자유로워지는 연습을 하는 것이었다. 그리고 나에게 감사하는 점을 한 번 더 일깨워 주면서 내 안에 긍정적인 마음을 심어 주는 작업이었으며, 이로 인해 사람들 또한 이런 기분을 느낄 수 있도록 해 주었다.

사람들은 내게 기특하다고 칭찬을 해 주기도 했다. 어떤 날은 피드백이 없었다. 처음에는 아무도 대꾸를 안 하면 내가 분위기 파악을 못 하는 글을 올렸나? 잘난 척을 했나? 소심해지기도 했다. 이렇게 20일, 30일 지나다 보니 남들이 나를 뭐라고 생각하든 크게 신경 쓰지 않기로 했다.

단체 톡방에 감사일기를 적는 미션은 끝났지만 스스로 감사일기를 적는다. 나는 이것을 감사의 법칙이라고 부른다. 하루 동안 있었던 감사한 일들을 꺼내 생각하고 되새김하며 내가 얼마나 행운아인지, 축복받은 사람인지 생각해본다.

바쁠 때는 혼자 머릿속에서 생각해보기도 하고 글로 적어 보기도 한다. 가정에 아이들이 있다면 같이 해도 좋다. 한두 번 하다 보면 크게 어렵지 않다는 것을 알 수 있다. 가끔 집에서 아이들과 서로 먼저 하겠다고 싸울 때도 있다. 아이들이 쓴 감사일기를 보고 가장 뭉클할 때는 "낳아 주셔서 감사합니다." 혹은 "사랑한다고 말해 주셔서 감사합니다." 뭐 이런 이야기를 할 때이다. 시키지도 않았는데, 어쩜 이렇게 예쁜 말을 골라 하는지 모르겠다.

감사일기의 장점은 부정적인 마음을 긍정적으로 바꾸는 데 있다. 누구나 사람들 앞에서 발표할 때 실수할까봐 두려웠던 적이 있을 것이다. 나는 늘 "실수하면 안 돼." "떨면 안 돼."라는 마음을 떨칠 수 없었다. 감사일기를 쓰고 난 뒤에는 "떨어도 돼." "좀 떨면 어때."로 바뀌게 되었다.

"꼭 잘 하지 않아도 돼. 너는 최선을 다했잖아."

예전에는 잘하는 게 목표였다면 지금은 시도했다는 데 의의를 두기로 했다. 도전의 반대말이 무엇일까? 실패? 실수? 아니다. 그것은 바로 "도전하지 않는 것"이다.

감사일기를 쓰고 나서 겁 없이 도전하는 것이 많아졌다. 책 쓰기가 그 대표적이다. 과거의 나였다면 아예 불가능한 일이라고 선을 그었을 것이다.

내 마음속에 있는 부정적인 생각을 몰아내고 긍정의 에너지로 채우는 것은 어려운 일이 아니다. 하루 한 번 감사일기 쓰는 것으로 충분하다.

오늘은 또 무슨 일로 감사일기를 쓸까? 이쯤 되면 주변에서 일어나는 일들을 그냥 지나치지 않게 된다. 오늘은 어떤 일을 감사일기 목록에 쓸 수 있을까 생각을 한다. 평소에는 당연하게 생각했던 공기조차 고맙고 감사하다. 텔레비전에서 다리가 불편한 사람이 나오면 튼튼한 다리도 감사하다. 예전에는 짧고 굵은 내 다리가 콤플렉스였는데 말이다.

감사한 마음을 가지는 것은 스피치를 할 때 아주 중요하다. 부정적인 마음을 가지고 다른 사람의 마음을 울리는 감동적인 스피치를 하는 사람은 한 번도 못 봤다. 스피치가 망할 것이라는 생각을 하면서 이야기를 하는 스피커는 없을 것이다. 만약 그런 사람이 있다면 자질이 턱없이 부족한 사람임에 분명하다.

나의 이야기를 들어주는 그 누구라도 감사하다. 그리고 내 이야기에 공감하고 잘한다면서 손뼉을 쳐 줄 것이라고 전제한다. 이런 마음을 가지고 사람들 앞에 선다면 스피치를 망칠 수 없을 것이다.

예전에는 미리 겁을 집어먹고 실패를 상상했다. 스피치를 떠올리면 실수, 실패, 쪽팔림, 수치스러움 등의 단어가 제일 먼저 떠올랐다.

지금은 설렘이라는 단어가 제일 먼저 떠오른다. 말은 언제나 즐거움이다. 스피치는 피해야 하는 것이 아니라 내 인생의 활력소가 되었다.

어느 날, 나는 모르는 사람으로부터 연애를 할 때도 받아보지 못했던 장문의 메시지를 받았다. 그분은 어릴 때부터 심한 발표불안으로 힘들어 하고 있다가 나의 발표불안 동영상을 보고 어렵게 연락을 했다고 했다. 그분의 이야기를 들어보니 얼마나 절실한지 알 수 있었다. 예전의 나만큼이나 심한 발표불안을 가지고 있었고 굉장한 스트레스를 받고 있었다. 나의 발표불안 동지는 발표불안을 극복하기 위해서라면 뭐든지 할 준비가 되어 있다고 했다.

나는 곧바로 함께 감사일기와 칭찬일기를 적자고 제안했다. 고맙게도 아주 흔쾌히 승낙했고, 지금은 나보다 더 적극적으로 한다. 우리는 이렇게 발표불안 극복 프로젝트를 시작하게 되었다. 지금은 그분과 함께 둘이서 휴대폰 메시지를 이용하여 매일 감사일기를 적고 있다. 내가 까먹을 수가 없게 매일 자신의 감사일기를 먼저 보내온다. 아주 사소한 칭찬과 감사의 일기지만 이 것을 보고 있노라면 내 입 꼬리가 자동 승천하게 된다.

그분은 무의식의 창고에 긍정과 감사의 곡식을 차곡차곡 쌓고 있다. 이 곡식은 눈에 보이지는 않는다. 하지만 이 창고 덕분에 먼 훗날 사람들 앞에서 스피치 할 때 더 당당하고 멋지게 이야기 하리라는 것을 알고 있다.

마인드 컨트롤 법칙

김연아 선수의 멋진 트리플악셀 스핀의 비결은?

장미란 선수가 180킬로그램짜리 역기를 번쩍 들어 올릴 수 있는 비결은?

올림픽에서 금메달을 딴 운동선수들은 아침 일찍부터 밤늦게까지 고된 훈련을 한다. 하지만 이런 운동선수들은 자신의 타고난 재능만 가지고 세계적으로 인정을 받게 된 것은 아니다. 어떠한 상황에서도 무너지지 않는 강한 정신력을 무장하고 있기 때문에 가능해진 일이다.

매일 아침 세수를 할 때면 나는 거울을 보고 스스로 얘기한다.

"나는 뭐든지 할 수 있고, 뭐든지 될 수 있다."

"오늘은 분명 멋진 날이 될 거야."

매일 아침 마인드 컨트롤 후 출근하는 발걸음은 언제나 가볍다. 길에 핀 꽃, 햇빛, 바람 하나하나 다 고맙고 소중하다. 지나가는 모든 풍경, 모든 사람이 멋진 하루를 만들어 주는 복선처럼 느껴진다. 멋진 날이 될 거라고 자기암시를 했으니 오늘 좋은 일이 생길 것이다. 아니면 어떡하나 걱정할 필요는 전혀 없다. 나는 차려놓은 밥을 맛있게 숟가락으로 떠먹으면 된다. 그렇게 마인드 컨트롤로 하루를 시작한다. 반복적인 일상을 좀 더 활기차게 보낼 수 있는 비결이다.

중요한 발표를 앞둔 상황이라면 더 구체적이고 디테일하게 마인드 컨트롤을 하는 것이 좋다. 아침에 먹는 밥, 차에 타는 모습, 강연장에 들어서는 내 얼굴의 미소, 주변을 둘러보았을 때의 풍경, 리허설을 하는 모습, 마친 후 벅찬 기분, 사람들과의 악수 등등….

발표장에 들어서기 전부터 끝났을 때까지 아주 구체적으로 마인드 컨트롤을 한다. 막연하게 "잘 할 거야."는 안 먹힌다. 해본 경험이 많이 없기 때문이다. 내 머릿속에 구체적으로 상상을 해야 실전에서 정말로 강할 수 있기 때문이다.

스피치 모임에서 만난 말을 아주 잘하는 사람이 있었다. 그 사람은 하나도 떨지도 않았지만 자신에게 발표불안이 있다고 했다. 그분은 자동차 영업사원이었고, 내가 보기에는 말하는 데 소질이 있는 것 같았다. 이런 사람이 왜 스피치 모임에 왔을까 싶기도 했다.

우연히 그 사람이 말을 잘하게 된 비결을 듣게 되었다. 집에 마이크를 사놓고 매일 말하는 연습을 한다고 했다. 수천 번 마이크를 들고 마이크가 손에 익숙해질 때까지 연습을 한다고.

그 길로 나는 인터넷에서 마이크를 하나 샀다. 장난감처럼 마이크 형태만 갖추면 되는데, 거의 전문가 수준의 고급 마이크가 배달되어 왔다.

나는 화장대 위에 마이크를 두고 시도 때도 없이 마치 전문 강사인 것처럼 마이크를 잡았다. "나는 미래의 명강사인데, 이 정도는 해야 하지 않겠어?"

그 사람이 수천 번 마이크를 잡았다면 나는 수만 번 잡으면 될까? 이런 소품들을 이용해 나는 내가 스피치 마스터가 되었다고 상상했다. 이런 연습들을 하면서 나는 이미 전문 강사가 되었다고 내 몸이 느껴지게 했다. 걸을 때도 스피치강사들은 이렇게 걸을 거야, 하면서 어깨를 쭉 펴고 걸었다. 내가 이미 스피치 명강사가 된 것처럼 자신을 세뇌시켰다.

무언가 원하는 것이 있다면 그것이 이미 현실로 이루어졌다는 느낌을 상상해야 한다. 마음속에 원하는 것이 있다면 그것이 실현되었다고 느껴야 한다. 그러면 정말 그렇게 된다. 적어도 나는 그것을 느낄 수 있었다.

잠재의식을 훈련해야 한다. 강의가 잡히면 나는 최대한 자주 내가 성공적으로 강의를 마친 모습을 상상한다. 시강도 여러 번

하지만 머릿속에서 강의하는 모습을 상상한다. 내 머릿속에 성공의 경험을 그린다. 그것도 아주 생생하게. 발표가 있는 날 아침, 나갈 준비를 하면서 스스로 상상한다. 크림을 바르고 화장을 하면서 지금은 남자 친구를 만나러 가는 길이라고. 머리를 말리고 옷을 입으면서 떨리기보다는 기분 좋은 설렘이 생긴다. "스피치는 두려운 것이 아니야. 즐거운 것이야." 그리고 실수를 할까 봐 두려워지면 나는 이미 성공적으로 마쳤다고 생각해 버린다. 이미 다 이루어졌다고, 잘 끝났다고, 고생했다고 나에게 이야기한다. 그러면 실수할까 두렵던 마음이 편안해진다.

"이미 잘 됐는데 왜 불안해. 너는 최고야. 훌륭했어. 고생했어."

내 마음을 내가 조정한다. 내 몸을 조정하는 것은 바로 나 자신밖에 없다. 긍정적인 마음을 갖도록 스스로를 마인드 컨트롤한다면 모든 일이 잘될 것이다.

마인드 컨트롤은 한번 한다고 해서 효과가 있는 건 아니다. 그러므로 평소에도 내가 하는 일이 잘 풀릴 것이라고 계속해서 주문을 걸어야 한다. 이러한 습관은 나중에 큰 무대에 섰을 때 덜 긴장되게 했다. 예전에 약을 먹고 강단에 섰을 때 자신감이 넘치던 것처럼 그것과 비슷한 기분을 약 없이 느낄 수 있었다. 잘 될 거라고 마인드 컨트롤만 했는데, 그동안 갈비뼈를 뚫을 기세로 뛰던 심장이 쿵쾅거리지 않았다. 내가 하고 싶은 말을 다 하고 내려와도 사람들의 따가운 시선이 더 이상 느껴지지 않았다. 400명이 나를 쳐다보고 있는데도 더 이상 두렵지 않았다.

예전에는 사람들 앞에서 이야기하고 내려오면 얼굴이 홍당무처럼 열이 나고 화끈거렸다. 발표가 끝난 뒤로도 내 떨림은 5분에서 10분 정도 지속되었다. 팔을 들어 손을 쳐다보았다. 알코올 중독자처럼 내 손이 떨리고 있었다. 이것조차 부끄러웠다. 발표가 끝났는데 나는 또 뭐가 이렇게 불안하고 긴장감이 지속이 되는 것일까?

하지만 마인드 컨트롤로 평소에 마음을 다스려 놓았더니, 웬걸? 무대에서 내려왔는데도 당연히 덜덜 떨리던 내 수전증이 없어져 버렸다. 신기한 노릇이었다. 그리고 강의를 마친 뒤 나를 뚫어져라 관찰하는 사람이 없다는 것도 알게 되었다. 과거에는 누군가가 나에게 "너 진짜 못하는구나!" 하고 핀잔을 줄 것만 같아서 고개를 푹 처박고 있었다. 그리고 나의 실수를 고소하며 수군거릴 것 같았다. 지금은 사람들을 찬찬히 둘러보는 여유까지 부릴 수 있었다.

아직 1,000명 앞에 설 수 있을 만큼 스피치 내공이 쌓이진 않았지만 평소에 이렇게 준비를 해 나간다면 가능할 것도 같다. 버락 오바마나 오프라 윈프리의 연설 모습을 책상 위에 붙여놓고, 내가 저 사람처럼 저런 장소에서 발표하겠다고, 당당하게 내가 하고 싶은 이야기를 모두 다 하고 내려올 것이라고 그리고 앞으로 닥칠 일들은 모두 다 성공적으로 마무리되었다면서 마인드 컨트롤을 한다.

바로 이런 마인드 컨트롤을 통해 돈 한 푼 들이지 않고 내 안에 있는 두려움을 극복할 수 있다. 바로 실천해보자.

자신이 한번도 시도해보지 않았던 일들에 도전하는 것은 두렵다. 남들 앞에서 비웃음거리가 될까봐, 망신을 당할까봐 피하고만 싶어진다. 남들은 전혀 아무렇지 않게 해내는 일들을 못 하는 자신이 원망스러웠을 것이다. 하지만 그토록 두려워하던 것들은 가짜였다. 떨릴까봐, 떨리고 불안해 하는 모습을 들킬까봐 불안한 것이었다.

두려움은 실체가 없다. 내가 만들어 낸 가짜 감정이다. 우리는 모두 자신이 생각하는 것보다 훨씬 더 용기 있는 사람이다. 한 번도 해보지 않았던 일이라서 두려울 뿐 그 이상도 그 이하도 아니다. 그러니 매일매일 마인드 컨트롤을 통해 긍정의 주문을 걸어보자. 세상을 긍정적으로 바라보는 작은 습관 하나가 나비효과가 되어 정말 떨지 않고 말하는 기적을 경험하게 될지도 모르니까 말이다.

메모의 법칙

노트의 비밀. 스피치를 하면서 나는 메모하는 습관을 지니게 되었다. 평소에 적는 노트는 네 권 정도인데 아래와 같다.

1. 스피치 재료
2. 빽빽이 노트
3. 다이어리
4. 스피치 일정표

스피치를 시작하기 전 나는 다이어리와는 거리가 멀었다. 계획 없이 생활하는 사람 중 하나였다. 연초나 여름이 다가오면 계획 이랍시고 머릿속에 이것저것 구상해본 적은 있으나 구체적으로 계획을 해서 쓰고 실천에 옮기는 사람은 아니었다.

원래 성격이 잘 덜렁대는 스타일이라서 실수를 하거나 일정을 까먹는 일은 부지기수였다. 나는 지금 노트를 네 권 정도 가지고 다닌다.

처음에 노트를 쓰게 된 것은 명언이나 좋은 글을 적어 놓기 위해서였다. 스피치를 하는 데 좋은 재료를 모으기 위해서였다. 어느 날 갑자기 회식자리에서 이번에 무사히 평가를 잘 치른 팀원들에게 한마디 해달라는 요청이 들어왔을 때 나는 재빨리 노트를 꺼내 커닝을 한 후, 드라마 미생에서 나온 한 구절을 아주 멋지게 읊어주었다.

"최선은 학교 다닐 때나 대접받는 거고 직장은 결과만 대접받는다. 드라마 미생에 나온 내용입니다. 아닙니다. (손가락 제스처를 하면서) 6개월 동안 자기 자리에서 열심히 애써 주신 여기 계신 모든 분들이 오늘의 주인공입니다. 제가 팀장님을 대신해서 다시 한 번 진심으로 감사드립니다. 오늘 이 자리는 우리 모두가 주인공이고 대접받아야 마땅합니다. 주위 사람들에게 격려의 박수를 그리고 자신에게는 칭찬의 박수를 보내주시기 바랍니다."

그땐 스피치를 시작하고 6개월 정도 지났을 무렵이었다. 갑자기 나에게 약 1분 정도 이야기할 기회가 주어졌었는데, 물론 회식 자리에서 이런 오글거리는 멘트를 준비해 오는 사람은 없었다. 그래서인지 동료들은 나에게 아주 뜨거운 박수를 보내주었다. "그동안 고생했다. 고맙다." 이 말은 내가 듣고 싶었던 말이기도 했지만 동료들도 매우 듣고 싶었던 말이었다. 내가 그 포인트를 잘 집어 준 것 같았다. 그 자리에 있던 선배는 "미리 멘트를 준비했느냐."며 핀잔을 주기도 했지만 상관없었다. 회식 자리에서 짧게 건네는 말 한마디에 뿌듯해 하기는 처음이었다.

나는 이때부터 동영상을 찍어서 나의 스피치 하는 모습을 기록했는데, 이때 영상은 아직도 가끔 한 번씩 들여다보곤 한다. 영상 속에서 나는 다리를 덜덜 떨고, 혹시나 마이크를 잡은 손이 떨릴까봐 두 손으로 꽉 쥐고 있다. 하지만 내 표정은 구름 위를 날아가는 것처럼 설레고 즐거워 보였다.

나의 첫 번째 노트는 스피치 재료 노트이다. 인터넷에 떠다니는 좋은 글귀를 적어서 내가 편집자가 되어 노트에 정리해서 적는다. 이 글은 한 번씩 우울감이 들거나 스피치에 대한 열정이 떨어질 때쯤 열어보면 다시 힘을 얻기도 한다. 책을 읽는 게 좀 내키지 않거나 자투리시간을 보낼 때 이런 글을 읽는 것은 큰 기쁨이다. 이런 글을 보는 것은 동기부여하기에도 좋다.

긍정적으로 살아라. 당신은 할 수 있다. 이런 말들은 수도 없이 듣고 살고 있지만, 내 것으로 만들기는 쉽지 않다. 잘 와닿지 않을 때, 그럴 때는 적어라. 눈으로 보고, 글로 적고, 읽다 보면 어느새 내 것이 되어 있다. 어디선가 들은 적이 있는 좋은 말이라도 한 귀로 흘리면 그때뿐이다. 직접 손으로 적어서 남기자. 그러면 언젠간 써먹을 때가 있다.

좋은 내용은 나만 알기에 아까운 경우가 있다. 그러면 후배나 지인들에게 들려주자. 그러면 진정 나만의 스피치 재료가 되는 것이다. 입으로 한 번 했던 이야기는 쉽게 잊혀지지 않는다. 그러면 누군가를 위로를 해 줄 기회가 생기면 또 써먹을 수 있다. 다음번에 할 때는 처음 할 때보다 더 조리 있게 이야기할 수 있다. 이것이 스피치 연습이다. 좋은 글은 노트에 적어서 꼭 써먹도록 하자.

두 번째는 빽빽이 노트이다. 말 그대로 글을 빽빽하게 적는 공책이다. 나는 요즘 매일 100번씩 내가 이루고자 하는 목표를 적고 있다. 4,000억 매출을 올리는 CEO 김승호 사장님이 쓴 『생각의 법칙』이라는 책을 읽고 시작한 미션이다. 100번씩 문장을 적는 작업이라서 예쁘고 좋은 노트를 준비할 필요는 없다. 집 앞 문방구에서 산 초등학생용 줄 노트에 열심히 적고 이루어지라고 주문을 외우고 있다. 한 번에 다 못 적으면 아침에 눈 뜨자마자 적고, 친구를 기다리면서도 적고, 점심을 먹고 나서도 적는다.

두께가 얇기 때문에 손으로 둘둘 말아서 가방에 넣어 가지고 다니기 편하다. 잠깐 틈이 나면 나는 이 빽빽이 노트를 꺼내서 내 꿈을 한 번 더 들여다본다. 내 머릿속이 잡념으로 가득 차 내가 적고 있는 내용이 하나도 머릿속에 안 들어올 때도 있다. 그래도 적어라. 적다 보면 답이 나온다. 이것은 나뿐만 아니라 다른 사람들도 경험한 진리이다. 쓰다 보면 고민이 해결되기도 하고, 기발한 생각이 툭 튀어나오기도 했다. 골똘히 연구한 것도 아닌데, 아무 생각 없이 적다 보니 내가 답을 하나씩 얻게 되었다. 어떨 때는 진짜 많이도 적었네, 싶을 때도 있다. 누가 알아주는 것은 아니지만 내가 알고 있다. 나의 이 노력은 나중에 내가 강의를 할 때 큰 힘을 발휘할 것이라는 것을. 내가 이루고 싶은 일을 매일매일 적고 적는다.

세 번째는 업무용 다이어리이다. 이것은 직장생활을 하는 사람이라면 당연히 가지고 있는 것이라고 할 수 있지만 부끄럽게도 과거의 나는 업무용 노트를 전혀 쓰지 않았다.

지금은 업무용 다이어리에 매일 직장 내 일정을 기록한다. 몇 년 전에는 스피치용과 업무용을 같이 썼는데, 직장 내에서도 스피치 생각을 하게 되어 업무에 지장이 생겼다. 그래서 이 두 개를 분리하기로 했다. 가끔 직장 내 회의 때나 일정을 기록한다. 대부분 내 노트는 까만 무채색인데 업무용은 기분이라도 좋아지라고 민트색으로 했다.

직급이 올라갈수록 회의도 많아지고 내가 처리해야 할 일들도 많아졌다. 이런 업무용 다이어리는 신뢰감을 높이고 일 처리를 효율적으로 할 수 있게 도와주었다.

네 번째는 스피치 일정표이다. 크기는 다이어리보다는 훨씬 큰 A4 용지 사이즈 정도가 된다. 맨 앞장에는 당연히 내 전화번호와 함께 "위대한 스피치강사"라고 적어 놓았다. 고등학교 때는 모든 교과서 앞장에 "피그말리온"이라고 적었던 적이 있는데, 피그말리온 효과는 그리스 신화에 나오는 내용으로 간절히 원하면 이루어진다는 뜻이다. 위대한 스피치강사가 되는 그날까지 열심히 스피치 노트를 적을 예정이다.

스피치 노트는 날짜별로 칸이 큼직큼직해서 스피치 일정을 적기 편하다. 일단 매주 목요일은 "스피치 동호회"라고 적었다. 그냥 1년 치를 미리 적어버렸다. 나의 올해 스케줄이 되어버린 것이다.

그리고 2주에 한 번 있는 독서모임이 있다. 토요일 아침 7시에 시작해서 9시에 끝난다. 독서모임이라고 쓰지 않고 책 이름을 바로 기록했다. 그 외 스피치 관련 강좌나 강의는 있을 때마다 기록한다. 칸이 여러 개이고 넓다 보니 채우고 싶은 욕구가 생겨서 자꾸 없던 스케줄을 잡게 된다.

인터넷에 가입되어 있는 발표불안 극복 카페나 독서 관련 밴드는 여럿인데 자주 들어가지도 않고 방치되는 경우가 많았다. 스피치 일정표를 쓰고 나니 수시로 방문해 강의나 강좌가 있는지 확인하게 되었다. 이 스피치 노트 칸에 내가 진행하는 발표불안 강의라고 적는 날도 오지 않을까? 하고 혼자 생각해본다. 생각만으로도 레몬을 삼킨 듯 심장 아래가 짜릿해 온다.

인연의 법칙

우리는 살아가면서 무수히 많은 사람들을 만나고 이별을 겪는다. 그중에는 아주 친한 지인이 되어 십 년 이십 년 인연을 이어가는 사람도 있고, 몇몇은 싸우고 절교를 하는 이도 있을 것이다. 어떤 경우는 흐지부지 연락의 끈을 놓게 되는 경우도 있다. 이것은 누가 잘못을 하거나, 인생을 헛살았다기보다는 그냥 자연스러운 현상인 것 같다. 젊은 날에는 시시콜콜한 수다를 떨거나 술을 좋아하는 사람들과 어울렸고 지금은 책이나 스피치를 좋아하는 사람들과 교류하기를 좋아하는 것처럼 말이다.

지금 나가는 스피치 동호회에 들어가게 된 것은 아주 우연한 기회였다. 직장동료가 우연히 동호회 광고를 하는 메일을 받았고 이를 나에게 알려주었다. 이 지인과 나는 만난 지 한 달밖에 안 되었고, 별로 친하지도 않은 상태였다. 지나가는 말로 나의 발표불안 고민을 털어놓게 되었는데, 지금은 다른 부서로 갔음에도 수시로 연락을 하며 인연의 끈을 놓지 않고 있다. 항상 내 고민을 진지하게 들어주고 조언을 해 주기 때문에 어려움이나 고민이 있을 때마다 연락을 하게 된다. 절친이자 동료이고 스피치 지지자이다. 이렇듯 내 인생을 180도로 바꿔줄 기회는 언제 어디서 나타날지 모른다.

그때 만약 발표불안을 숨기고 "별거 아니에요."라고 얼버무렸다면 지금의 나는 없었을 것이다. 내가 발표 공포와 맞서게 된 것은 주변인들의 지지와 응원이 있었기 때문에 가능했다. 혼자서 발표불안이라는 이 무시무시한 녀석과 싸우는 것은 불가능하다. 남들에게 말 못할 고민을 털어놓을 수 있는 친구, 비슷한 고민을 안고 있는 동호회 회원들, 내 도전을 응원해주는 친구들···. 이 모든 사람들의 격려와 위로가 있어서 포기하지 않고 달려올 수 있었다.

나는 앞서 말한 대로 의지가 아주 약한 사람이다. 과거 다이어트를 할 때도 성공하는 적이 거의 없어서 다이어트를 한다는 말조차 못 꺼내 놓는 사람이었다. 발표불안은 다이어트와 같다. 365일 해야 하고 입 밖으로 내뱉는 순간 시작이다. 의지가 약한 사람이라면 더욱더 주변인들의 응원과 도움이 필요하다.

"저는 CS 강사가 될 거예요. 기업의 큰 홀에서 강의를 하고 싶어요."

사람들 앞에서 무심코 뱉었던 말들에 진심 어린 격려와 조언을 해 준 것은 나와 별로 친하지 않은 사람들이었다.

"분명 그 홀에서 강의를 하게 될 겁니다."

그 사람은 무심코 나에게 한마디 툭 던졌을 뿐인데, 이 말은 두고두고 나에게는 큰 힘이 되었다. 이런 말들이 나의 가슴에 씨앗처럼 심어져서, 단단하게 뿌리를 내리게 된 것이다. 내가 사람들과의 인연을 소중히 여기는 이유이다. 언제 어디서 나에게 도움을 줄지, 혹은 내가 그들에게 도움이 될지 모를 일이다.

스피치 모임이 있던 어느 여름날이었다. 나는 까만색 반팔 점프 슈트를 입고 단발머리를 하고 열 명 정도 되는 사람들 앞에서 내 꿈에 대한 발표를 했다. 매번 하던 이야기라 새로울 것도 없었지만, 내 앞에 있는 사람들은 그 어느 때보다 진지하게 나에게 귀를 기울이고 있었다. 내 이야기가 모두 끝나자 사람들은 이렇게 말했다.

"아나운서처럼 발음이 좋아요."

"옷이 오늘 정말 멋지게 잘 어울려요."

"분명히 명강사가 될 거예요."

열 명의 사람들로부터 들었던 이야기들이었다.

그날 이후 내 스피치 인생의 2막이 시작되었다. 불과 1년 전만 하더라도 모르던 사람들이었고, 지금은 연락이 끊긴 사람들이다. 하지만 그날 그들이 내게 이런 이야기를 해 줌으로써 나는 지금처럼 바뀔 수 있었다. 인생에서 잠깐 스쳐 지나가는 사람일지라도 그때 그들로부터 들었던 말로 인해 나에게 커다란 힘이 되었다. 그래서 사람들에게 친절하게 대할 수밖에 없다.

나에게 도움을 달라며 다가왔던 사람도 오히려 내가 그 사람에게서 더 많이 배우는 경우가 있었다. 한 번씩 나는 이 여름날 내 꿈 발표 동영상을 돌려본다. 아주 감사하게도 누군가 이것을 동영상으로 남겨주었다. 영상 속 나는 수줍은 듯 당당하게 내 이야기를 하고 있었다. 동영상을 찍어주었던 분도 감사하다. 자신의 이익과 상관없이 친절을 베풀어 주는 사람들에게 감사함을 느낀다.

내가 만났던 사람들 중에는 내 관심사와 다른 분야에 대해 잘 알고 있는 사람이 있었다. 그런 사람들로부터 그들이 살아온 이야기, 그들의 생각을 듣는 것은 마치 그 사람에 관한 책을 한 권 읽는 기분이 들었다.

직장 내에서는 이런 이야기를 할 기회도 사람도 거의 없지만 스피치 모임에서는 자연스럽게 이야기하게 된다. 스피치 모임에서 만나는 사람들의 이야기를 듣는 것은 너무나 즐거운 일이다. 그리고 사람들 앞에서 나의 이야기를 늘어놓는 것 또한 즐겁게 느껴진다. 나는 스피치 모임에서 이들의 이야기를 듣는 것을 "한 권의 수필을 읽는 것과 같다."고 표현한다.

3분 정도 되는 짧은 시간이지만 이야기 속에 많은 감동과 교훈

그리고 삶의 지혜가 묻어 있다. 이런 이야기를 듣고 공감하고 웃고 떠들다 보면 어느새 스피치는 두렵거나 무서운 것이 아니라는 생각이 들었다. 아무리 좋은 스피치 모임이 있더라도 사람들이 참석하지 않으면 아무 소용이 없다. 그래서 매주 참석하고 자리를 빛내주는 사람들이 너무나 감사하고 소중하게 느껴진다.

어떤 사람들은 책을 추천해 주기도 했다. 그런 책은 분명 나에게 큰 도움이 되었다. 내가 이 사람을 몰랐다면? 아니면 추천받은 책을 그냥 흘려들었다면? 나는 분명 이렇게 발전하지 못했을 것이다. 언제 어디서든 만나는 인연을 소중히 생각하기로 했다. 보통 "인연의 법칙"이라고 얘기하면 남녀 간의 사랑과 같은 관계를 떠올리기 쉽다.

하지만 내가 생각하는 인연 법칙은 나이가 어리고 많음을 떠나, 직업이나 학력을 떠나 모든 사람에게는 배울 점이 있으므로 인연을 소중하게 생각하자는 것이다. 내 관심사가 아닌 분야이지만 자신이 읽고 감동했거나 도움이 되었던 책들을 추천받고, 그 추천받은 읽을 때 기쁨은 말로 설명할 수 없다. 인연이 없었다면 많은 좋은 책을 만났을 수도 없었고 지금의 나로 성장할 수도 없었을 것이다.

나는 흔히 말하는 인맥, 부자친구, 권력의 후광과 같은 사람의 관계에 대해서는 별로 관심이 없다. 그저 스피치를 시작하고 만

나는 인연들을 소중하게 생각했고, 그 사람들이 지금의 인맥이 된 셈이다. 나에게 들려주는 격려와 조언을 새겨들으며, 나도 그들에게 진심으로 응원의 메시지를 대했다. 스피치를 시작하기 전 나는 남들이 실수하거나 대중 앞에서 망신을 당하게 되는 것을 기대하거나 나보다 못하는 사람들이 있는지에만 온 신경을 썼다. 지금은 그들이 하는 이야기에 신경을 쓰고 그들이 사람들 앞에 나서는 것만으로도 대단하다고 생각한다.

인연 법칙은 그 순간 만나는 인간관계에 최선을 다하면 된다. 진심으로 내 이야기를 하고 그들의 이야기를 듣는 것. 스피치의 기본이자, 사람을 대하는 기본 법칙이다. 인연 법칙을 실천함으로 인해 나에게 스피치 강의 기회도 찾아왔고, 이 기회를 내 것으로 만들 수 있었다. 나의 열정적인 모습을 좋게 봐주고 좋은 말로 용기를 주었던 사람들이 있었기 때문에 발표불안을 극복하는 것이 가능했다.

지난날 나약했던 나에게 많은 영감을 주고 떠났던 모든 이들에게 감사하다. 내가 스피치강사의 꿈을 감히 꾸게 된 것은 그동안 스쳐갔던 이들이 나에게 해 주었던 수없이 많이 이야기들 때문이었다. 나에게 용기를 주고 격려를 해 주었던 모든 이들에게 감사의 말을 전하고 싶다. 나는 그때 덕분에 큰 힘을 얻었고, 나도 앞으로 다른 이들에게 용기를 주는 사람이 되고 싶다.

운동 법칙

아직은 스스로 생각하기에 스피치 명강사도 아니고, 현재 정기적으로 출강을 하지도 않는다. 하지만 나는 이미 명강사가 되었다고 마음먹었으므로 가만히 있을 수가 없다. 훗날에 전국적으로 강의를 다닐 명강사가 이미 되었다고 생각하니 지금부터 체력을 키워야 할 것 같았다. 그래서 바로 운동을 하기로 마음먹고, 집 근처 헬스장을 가서 1년 짜리 회원권을 끊었다. 전국을 누비려면 체력이 뒷받침되어야 하지 않겠는가.

전에 아침 일찍 나가서 밤늦게 KTX를 타고 전국을 다니는 강사들을 본 적이 있었고, 나는 면역력이 떨어져 감기를 달고 살거나, 체력이 약해서 장시간 강의하는 것을 힘들어 하기도 했으니 미리 준비를 갖추어 놓아야 한다. 언젠가 전문 강사로 강의를 하다가 체력이 따라주질 않아 취소해야 할 일이 생길 수도 있지 않겠는가. 실제로 강사들은 여기저기 전국을 무대로 이동하면서 강의를 하고, 식사를 거르는 등 불규칙적인 생활을 할 수도 있기 때문에 체력이 매우 중요하다.

조연배우들이나 무명가수들의 삶을 다룬 TV 다큐멘터리 프로그램을 본 적이 있는데, 그 분들 역시 지금은 아무도 불러주지 않지만 꿈을 이루게 될 미래의 그날을 대비해서 많은 준비를 하고 있었다. 조연 배우 일과 채소 배달을 하면서도 운동을 하거나, 노래방에서 아르바이트를 하면서 가수의 꿈을 키우곤 했다.

나도 앞으로 생기게 될 출강 기회를 대비해서 체력도 키우고 많은 준비를 하는 시간을 갖기로 했다. 이미 나는 미래의 명강사이니까!

운동을 해야겠다고 생각한 다른 이유도 있다. 연단에 서서 자신감 있게 자신의 이야기를 하는 사람들을 보면 대부분 허리를 곧게 세우고, 어깨를 펼친 채 바른 자세를 하고 있었다. 얼굴에서 보이는 자신감이나 표정에서의 여유도 중요했지만, 자세도 중요한 부분을 차지하고 있었다. 강사로 연단에 섰을 때 움츠리고 삐딱한 자세보다는 자신감에 넘치는 곧은 자세로 서있고 싶었다. 이것은 얼굴이 잘생기고 키가 큰 것이랑은 상관없었다. 나는 키가 작은 편인데 강사들 중에 키가 작지만 다부지고 말에 힘이 있는 사람들도 많이 보았다. 자세는 단기간에 완성되는 것이 아니었다. 평소에 바른 자세를 갖추려면 바른 자세로 행동습관을 바꾸고 꾸준히 운동을 하는 방법이 최고라고 생각했다.

특별한 일이 없으면 나는 퇴근 후 헬스장을 간다. 헬스장에 가서 운동을 하면 사람들이 뿜는 에너지를 느낄 수 있어서 좋다. 혼자서 열심히 집에서 홈 트레이닝을 하는 것도 좋지만 사람들 틈바구니에서 운동을 하고 나면 기분이 아주 상쾌해진다. 그리고 사람들마다 자신의 목표를 위해 많은 것들을 포기하고 부단히 애쓰는 모습을 볼 수 있다. 이런 시각적인 효과는 나를 더 부지런하게 만든다. 다른 사람 시선을 신경 쓰지 않고 매일 저마다 무거운 기구들을 들고 버티며 참고 인내하는 모습을 보면 나도 나의 목표에 끊임없이 도전하게 된다. 이런저런 핑계를 대며 쉴까 싶다가도 막상 헬스장에 가게 되면 언제 그랬냐는 듯 땀을 뻘뻘 흘리며 운동을 하게 된다.

헬스장은 목표를 위해 노력하는 사람 에너지가 강하게 느껴진다. 요즘은 집순이, 집돌이라는 용어와 혼밥, 혼술 등 혼자서 즐기는 사람들이 늘어났다. 나도 주말에 혼자서 커피숍 투어를 가거나 나 홀로 등산을 가는 경우도 있다. 하지만 일부러 사람들과 어울려 사람들이 만들어 내는 기분 좋은 에너지를 받으려고 한다.

내가 받을 수 있는 에너지 중 제일 최고라고 느끼는 것은 태양 에너지이다. 태양은 만물의 근원이자, 생명의 시작점이다. 태양이 없으면 생명은 존재할 수 없다. 내가 이런 태양 에너지를 처음으로 느낀 것은 아주 우연한 기회 때문이었다. 그날은 보통 때와 다름없던 초여름 출근시간이었다. 출근길 내 앞에 쏟아지는 빛줄기에서 태양이 주는 기분 좋은 에너지를 느꼈다. 이 세상 모든 만물이 나를 응원하는 느낌을 받은 후부터, 나는 종종 걸어서 출근하는 것을 즐긴다. 모든 물체, 모든 사건들이 나를 위해 존재하는 기분은 황홀함 그 자체였다. 그러다가 이 기막힌 타이밍에 시원한 바람까지 불어온다면 자연의 위대함과 함께 마치 내가 이 우주의 중심이 된 듯한 착각마저 든다.

사람 에너지, 산 에너지, 태양 에너지…. 이 모든 것을 다 느끼는 운동이 바로 등산이다. 나는 평소에도 등산에 대한 장점을 주위 사람들에게 알리고 있다. 등산은 자연이 준 최고의 선물이다. 헬스장에서 규칙적인 운동을 하는 것도 좋아하지만 등산만큼 좋은 운동은 없다. 등산은 내가 육체와 정신을 동시에 단련할 수 있는 아주 좋은 운동이다. 우울증을 극복하는 데 약물보다 더 좋은 것이 햇볕을 쬐는 것과 땀을 흘리는 것이라고 한다. 친언니에게 우울증이 왔을 때 내가 추천했던 것도 바로 등산이었다. 등산은 부정적인 마음을 몰아내고 내 안에 긍정적인 에너지를 심어준다.

거의 매일 헬스장을 가고, 거의 매주 등산을 간다. 이상하게도 이렇게 몸을 많이 움직이는 것에 비해 그리 피곤하지 않다. 오히려 몸을 움직일수록 피로가 해소되고, 격렬한 운동을 할수록 기분이 좋아진다. 나는 술을 끊고, 텔레비전을 보는 시간을 줄이고 대신 운동을 한다. 예전에는 일주일에 한두 번은 술을 마시고 폭

식을 했다. 최근에는 그렇게 술을 마시며 보내는 시간이 아까운 생각이 들었다. 그리고 술을 마셔서 느끼는 즐거움보다 그 기회비용으로 하는 일들이 더 즐겁게 느껴졌다. 특히 겨울에는 춥고 피곤하고 정말 가기 싫을 때도 있다. 하지만 막상 운동을 하고 샤워할 때 그 쾌감이 너무나 커서 운동을 포기할 수가 없었다. 운동을 해서 얻는 정신적인 성장도 좋았고 매일 조금씩 몸의 변화도 만족스러웠다.

머리가 복잡할 때는 앉아서 생각에 잠기는 것보다 차라리 몸을 움직이는 편이 낫다. 특히 강의 전에 불안감이 밀려올 때 헬스장을 가서 한 시간 정도 땀을 흘리다보면 정신이 맑아지고 자신감이 붙는다. 한 시간 누워서 망상에 끙끙 앓는 것보다 효과적이고 즉각적인 치료제가 된다. 그리고 멘트들이 잘 외워지지 않고 머릿속이 답답해지는 경우에는 헬스장을 간다. 오랫동안 정하지 못했던 강의 컨셉이 갑자기 떠오르거나 기발한 아이디어들이 생길 때가 많았다.

지난번 모 대학교에서 진행된 연제 발표를 앞두고 심란했던 적이 있었다. 선배의 부탁으로 하겠다고 말은 했는데, 날짜가 다가올수록 과연 내가 해낼 수 있을까 겁이 나기 시작했다. 예전 같았으면 이런 불안감이 한 달 동안은 나를 괴롭혔을 것이다. 괴로운 마음에만 집중해서 일상생활이 안 될 지경이었다.

이번에는 운동이라도 가야지 싶어서 집에 누워 있다가 운동복을 입고 밖으로 나갔다. 운동을 하러 나가지 않았다면 부정적인 생각으로 두 시간을 보냈을 테지만, 아무 생각 없이 몸을 움직였다. 그랬더니 아주 개운한 기분이 들었다. 그리고 집으로 돌아와 다시 힘을 얻고 발표 구상을 했다.

이렇게 좋은 기분과 긍정적인 에너지를 주기 때문에 운동은 스피치와 떼려야 뗄 수가 없다. 강의나 발표를 앞두고 있을 때면 더욱더 운동에 집중하는 것 같다. 강단에 오르기 전에 혹시나 몸이 떨릴까 봐 두려워했었는데, 운동을 하면서 온 신경이 몸에 쏠렸던 것을 줄일 수 있었다. 내 몸을 내가 컨트롤할 수 있게 되었다. 내 의지와 상관없이 덜덜 떨렸던 몸이 내가 조절할 수 있는 범위 내로 들어오게 된 것이다. 그래서 나는 운동 법칙을 실천하고 나서 더욱더 당당하게 남들 앞에 설 수 있게 되었다.

독서 법칙

"독서를 하지 않는 사람과는 대화를 하지 말라!"는 말이 있다. 나도 그렇게 독서광은 아니지만 스피치라는 게 머리에 든 지식이나 이야깃거리가 있어야 유리한 것은 사실이다. 말을 잘하는 사람 중에는 머리를 통하지 않고 입에서 나오는 대로 말을 내뱉기만 하는 사람들이 있다.

아무 말 대잔치를 하지 않으려면 평소에 독서를 통해 지식을 쌓아서 어떤 주제에 대해 나의 생각을 이야기할 수 있는 준비를 해 두는 것이 좋다. 전문가적인 지식까지 두루두루 섭렵하진 않더라도 요즘 이슈가 되는 내용이나 얕은 지식일지라도 가지고 있으면 갑자기 앞에 나가 이야기를 해야 하는 상황에서 덜 당황스러웠다. "제가 책에서 읽었는데요." 하면서 이야기를 하다 보면 잘 모르는 사람과도 대화를 이어나가기 쉬웠다.

스피치 동호회에 모임을 나가면 마지막 순서는 반드시 3분 스피치를 했다. 늘 하던 코너지만, 어떤 주제로 3분을 채울지 난감할 때도 많았다. 여행과 같은 자신의 경험도 좋은 이야기가 될 수 있다. 하지만 매주 경험담을 풀어놓다 보니 늘 한계가 왔다. 그래서 책에서 본 내용, 영화 속 이야기 등을 많이 인용했다.

좋은 문구나 감명 깊게 읽은 책의 내용을 적고 외워보자. 나는 주로 사진으로 찍어두거나 손 글씨로 정성스럽게 필사를 한 다음 내가 평소에 아끼는 지인들에게 보내곤 한다. 삶의 모토로 삼고 싶거나 머리를 탁 치는 좋은 교훈을 얻은 내용은 여러 사람과 공유할 수 있는 SNS에 올리기도 한다. 눈으로 손으로 한 번 더 각인된 좋은 글은 반드시 써먹을 날이 있기 마련이다.

예전에는 책을 사면 눈으로 읽고 한 번 읽은 후에는 어디에 있는지 찾을 수도 없을 정도로 내 기억 속에서 던져버렸다. 책을 두 번 읽는다는 것은 시간낭비를 하는 것 같은 생각이 들었기 때문이다. 짜장면 배달원에서 동기부여 강사가 된 박현근 강사의 열정 넘치는 강의를 들은 적이 있다.

"적적또"는 이 분이 책을 읽는 방법이라고 했다. 적용, 적용, 또 적용. 박현근 강사는 책을 씹어 먹는다는 표현을 했다. 나는 그 이후로 책을 읽을 때면 연필을 준비한다. 동그라미 밑줄 쫙쫙 그으면서 눈에 입에 손으로 읽는다. 머리에 새기고 어떻게 하면 스피치를 하다가 써먹을까 하고 생각을 하기 시작했다. 어느 날은 후배와 술 약속이 있었는데, 그 후배는 사회생활이 마음대로 되지 않는 것에 우울해 하고 있었다. 만나면 책에서 보았던 이야기를 해 줘야지 하고 생각했다. 내가 사회 초년생 때 이런 말을 누군가 해 주면 고마울 것 같은 그런 이야기였다.

아니나 다를까. 아무도 이런 이야기를 해 준 적이 없는데, 정말 힘이 된다고 했다. 책은 나 혼자 읽고 혼자 생각하고 끝이라고 생각했는데, 이 이야기에 큰 용기를 얻었다니 나 또한 고마웠다. 좋은 내용은 나 혼자 알고 넘기는 대신 다른 사람과 나누어야겠다고 생각했다.

초등학교 4학년부터 6학년까지 나는 문예창작부 동아리 활동을 했다. 마땅히 가입하고 싶은 부서가 없어서 선택하긴 했지만, 책을 읽고 글을 쓰는 것을 선생님께 처음 배웠다. 동시도 짓고, 독후감도 많이 썼던 것 같다. 날씨가 좋으면 다 같이 밖으로 나가 자연을 소재로 자유롭게 글을 쓰기도 했다. 글을 쓰는 즐거움을 알게 된 후 누가 시키지도 않았지만, 막차 시간을 기다리는 동안 나는 주로 도서관에서 책을 읽었다. 다른 친구들은 운동장에서 모래놀이를 하거나 그네를 타고, 근처 슈퍼에서 텔레비전을 시청하곤 했다.

그렇다고 해서 내가 아주 문학적인 작품을 읽은 것은 아니었다. 주로 만화책이나 그림 위주의 책이었지만 어렸을 때부터 독서습관을 들인 것은 아주 잘한 것 같다. 우리 집에는 작은 책장

하나 변변하게 없을 정도로 부모님은 교육에 관심이 없었는데, 학교에 늦은 시간까지 개방하는 도서관이 있다는 것은 아주 고마운 일이었다.

나는 평소 퇴근길에 시립도서관에 종종 들르곤 한다. 지인으로부터 책을 추천받으면 메모를 해두고 도서관에서 책을 빌려 읽는다. 방문할 때마다 한 번에 다섯 권의 책을 대여할 수 있다. 6시 퇴근해서 도서관에 가면 6시 20분이 된다. 도서관은 7시에 마치기 때문에 책을 고르기 충분한 시간이 있다. 반납도 굉장히 쉽다. 무인 반납기를 통해 시간이 될 때 언제든지 반납할 수 있다.

대학교 때, 국가고시를 준비할 때는 책을 읽을 시간이 없다는 게 속상했다. 그때는 소원이 있다면, 하루 종일 마음껏 도서관에서 책을 읽고 싶다, 라고 생각했던 적도 있다. 머리가 복잡하거나 하는 일이 잘 풀리지 않을 때는 책을 집어 들었다. 독서는 운동만큼이나 스트레스 해소에 도움이 된다.

세상에서 제일 가성비 좋은 생활 습관 세 가지가 있는데 바로 명상, 운동, 독서이다. 운동이나 명상은 장소의 구애를 받는 편이지만 독서는 언제 어디서든 책만 펼치기만 하면 된다. 붐비는 지하철이나 잠들기 전 침실, 커피숍 어디든지 책을 읽으면 금방 책에 집중할 수 있다. 그래서 나는 늘 가까운 곳에 책을 둔다. 회사, 침실, 거실, 사물함, 가방 등등 언제 어디서든 책을 읽을 수 있도록 말이다.

내 흰색 에코백에 다섯 권의 책을 넣으면 제법 묵직하다. 하지만 읽고 싶은 책을 마음껏 빌리고 집으로 향할 때 내 발걸음은 너무나 가볍다. 내가 했던 모든 고민의 해답은 책에 있었다. 어떻게 하면 아침시간을 더 활용할까? 자기소개서 쓸 때는 어떤 방식으로 써야 하지? 유튜브 구독자를 늘리려면? 카드 뉴스 만드는 방법은?

혼자서 해결하기 힘든 것들이 있으면 도서관에서 관련 도서를 빌렸다. 그리고 밤을 새워서 차근차근 읽었다. 빌린 책에서 얻지 못하면 다른 책을 빌려 읽었다. 스피치도 그랬다. 내가 사람들 앞에 서기 힘든 이유, 말할 때 심장이 두근거리고 손발이 떨리는 이유를 책에서 찾아보았다. 책에서 다른 사람들의 경험담을 읽고 극복한 수기를 읽고 스피치를 할 용기를 얻었다. '나 혼자만 이런 고민을 하는 게 아니구나. 나 같은 사람이 또 있구나. 나도 이렇게 해봐야지.' 그들이 살아온 발자취를 따라서 해보고 그들이 해온 방법대로 내게도 써먹었다.

독서를 하지 않았더라면 지금처럼 사람들 앞에 나설 수 있는 생각조차 못했을 것이다. 예전에는 나만 혼자 앓는 몹쓸 병이고, 극복하지 못하는 것이라고 단정을 지었다. 나와 같이 발표불안이 있던 사람들이 쓴 책을 읽고 고쳐보겠다는 결심을 하게 된 것이다. 지금 스피치가 두려운 이유, 발표불안을 극복하지 못하는 이유가 저마다 있을 것이다. 혹시나 누군가 예전의 나와 같은 고민이 있다면 독서 법칙을 통해 답을 얻었으면 좋겠다. 단 한 사람이라도 이 책을 읽고 발표불안을 푸는 열쇠를 얻었으면 하는 마음이다.

동호회 진행을 맡으면서 예상치도 못했던 상황에 대처하는 능력이 생겼다. 나는 원래 앞에 나가 이야기를 하다 보면 머릿속이 하얘지고 갑자기 들어오는 질문이나 돌발 상황에 무방비로 당하기 일쑤였다.

하지만 스피치 동호회에서 갈고닦은 실력으로 지금은 농담을 하거나 애드리브를 칠 수 있는 여유까지 생겼다. 하지만 이렇게 되기까지 책이 많은 도움이 되었다.

모든 해답은 책에 있다고 누가 얘기한 적이 있다. 스피치는 분명 많이 말해야 느는 것이 사실이지만, 책을 통해 내 내면적으로도 많은 성장을 이룰 수 있었다. 책을 읽고 다른 사람을 통해 용기를 얻었고, 어떻게 하면 스피치를 잘할 수 있을지 생각하고 또 생각했다. 운동을 통해 신체를 단련했다면, 책을 통해 내 정신을 갈고닦을 수 있었다.

성추행을 당한 뒤, 1년 동안 책 속에 파묻혀 살던 시간 동안 나는 스스로 놀라울 정도로 달라졌다. 피하려고만 했던 과거를 잊고 처음부터 다시 해보겠다는 마음을 먹었던 것! "뭐든지 해보겠다. 안 되면 될 때까지 하리라." 나 스스로 다짐하고 약속할 수 있었던 것은 책에서 읽은 내용 덕분이었다.

Chapter. 7

덜덜이라도 괜찮아

주위 사람들에게 알려라

"저 원래 무대공포증 엄청 심하잖아요."

지난 연말회식 때, 사람들이 많이 모인 자리에서 그동안 하지 못했던 말을 하기로 했다. 소주 한잔을 입에 털어넣고 직장 동료들에게 그동안 숨겨왔던 발표불안을 커밍아웃했다.

사람들의 반응은 "에이~ 말도 안 돼."였다.

나는 웃음으로 대답을 대신했다. 방금 연말회식에서 사회를 보며 진행하고 자리에 앉아서 마시는 첫 잔이었다. 나는 사회를 맡아야 할 때는 회식 때라도 술을 안 마신다. 내가 진행하는 순서가 모두 끝나야 술을 마신다. 이것은 내가 정한 규칙이다. 내가 진행을 맡지 않더라도 후배들에게 격려사나 건배 제의를 해야 하는 날에도 마찬가지다.

술을 마시게 되면 알코올 파워로 떨지 않고 이야기를 술술 할 수 있으니 내 스피치 실력을 테스트하기 적합하지 않다는 생각이 들어서다. 그래서 금주 스피치라는 룰을 몇 년 전부터 정해서 지켜왔다. 누군가 술을 권하면 오늘 사회를 봐야 한다고 거절을 한다. 그러면 동료들은 그게 무슨 말이냐며 의아하게 생각했다. 회식을 하는 자리에서 술을 안 마시다니!

내가 생각해도 참으로 이상한 발상인 것 같다. 스피치를 시작하고 나서는 내가 얼마나 발전했는지 스스로 알아볼 필요가 있었다. 술기운을 빌지 않고 나의 발표불안을 얼마나 극복했는지 정도를 테스트하고 싶었다. 이것은 앞으로도 쭉 지켜나갈 나만의 룰이다.

아무튼 나는 지금은 주위 사람들에게 내가 발표불안이 있다는 것을 당당하게 이야기할 수 있는 단계에 왔다는 것이 기분 좋았다.

"유주영 선생님, 오늘 사회 너무 잘 보셨어요."

사람들마다 이야기해서 몸둘 바를 몰랐다. 내가 스피치를 시작하지 않았더라면, 내가 보통 사람들 정도로 경미한 발표불안을 가지고 있었어도 스피치를 이렇게 열심히 했을까? 물론 아니다. 나는 스피치에 관심도 가지지 않았을 것이고, 말을 잘 하려고 노력도 하지 않았을 것이다. 지금 내가 가진 능력보다 더 형편없는 실력으로 이벤트 사회를 보았을 것이다. 어떻게 하면 사람들에게 즐거움을 줄까, 고민도 하지 않았을 것이다.

유튜브를 찾아서 사회자들의 노련한 말솜씨를 흉내 내고 멘트를 쓰고 며칠 동안 연습을 했다. 다 이런 보이지 않는 연습의 결과일 뿐 평소 실력으로 사회를 잘 보는 건 타고난 끼를 가진 몇몇을 빼고는 힘들 것이다.

발표불안을 극복하고자 하는 목표에서 가속도가 붙은 자동차처럼 급격하게 좋아지기 시작한 것은 사람들에게 내가 발표불안을 가지고 있다고 알리기 시작한 후부터다. 나는 그동안 발표불안의 "ㅂ"만 꺼내도 큰일이 일어나는 줄 알았다. 예전에는 자존심이 너무나 상해서 이런 이야기하기가 싫었다. 발표불안이 있는 사람들은 마치 "내가 큰 범죄를 저질렀어."라고 고백하는 것과 같은 큰 용기가 필요하다. "내가 뺑소니를 쳤어." "내가 너의 가방을 훔쳤어."라고 아무렇지 않게 이야기할 수 있을까?

나 역시도 큰 용기가 필요했다. 처음엔 왜 그렇게 입이 안 떨어졌는지 모르겠다. 아무래도 발표불안을 이야기해도 스피치 실력은 여전히 형편없을 것이고, 굳이 이야기한다고 해서 달라지는 건 없기 때문이다.

하지만 발표불안을 인정하고 타인에게 알리는 것은 내가 변화하겠다는 의지의 표현과도 같다. "나의 스피치 실력은 형편없어. 하지만 나는 달라질 거야." 이것은 단순한 고백이 아니다. 나 스스로에게 하는 다짐이다. 아무렇지 않게 발표불안을 이야기할 수 있을 때 스피치 실력은 가속도 곡선처럼 하늘로 쑤욱 솟을 수 있다.

지금 당장 머릿속에 나를 진심으로 걱정해 주고 내 고민을 들어주는 사람이 누구인지 떠올려 보자. 그리고 그 사람에게 지금 자신이 겪고 있는 발표불안에 대해 말한다고 가정해보자. 아마도 상대방은 당신의 고민을 듣고 난 뒤 진심으로 걱정해 주고 위로해 줄 것이다. 그리고 비로소 당신은 마음이 한결 가벼워지고 그토록 알리고 싶지 않았던 발표불안이 더 이상 별거 아니라는 생각이 들 것이다.

그런 마음이 든다면 스피치는 이제 스타트이다. 발표불안을 스스로 받아들이고 타인에게 이야기했다면 마음속의 장애물이 하나 사라진 것이다. 이제 열심히 노력해서 극복하는 일만 남았다. 나는 발표불안이 있다는 말을 못 해서 20년 동안 마음속에 큰 돌을 얹고 살았다. 물론 발표불안 이란 게 완전히 치료되는 게 아니라 조금씩 극복하는 것이라서 가끔씩 떨리기도 한다.

하지만 이 떨림을 즐길 수 있게 되었다. 나는 원래 말할 때 긴장을 잘하는 사람임을 받아들였다. 그리고 이런 나의 모습이 비정상이 아니라는 것을 스스로 깨닫게 되었다.

조금 전에 유튜브에 발표불안에 관련된 동영상을 업로드했다. 나는 초보 유튜버이다. 편집기술을 배운 적도 유튜버 관련 강의를 들은 적도 없다. 두렵다면 그 일을 시작하라는 말을 생각하며 그냥 무작정 영상을 찍어서 하나둘씩 올리기 시작했을 뿐이다.

혹시라도 나를 아는 지인이 유튜브를 보다가 내가 올린 영상을 보면 어떡하지? 나의 초보 티가 팍팍 나는 엉성한 영상을 보고 비웃으면 어떡하지? 나 또한 이런 고민을 많이 하고 올릴까 말까? 엄청난 내적 갈등도 있었다. 술이라도 한잔하고 영상을 촬영할까 싶기도 하고, 막상 촬영을 했지만 업로드를 할지 말지 고민을 하기도 했다. 영상을 올렸다가 지운 적도 많다.

하지만 지금은? 지금은 내가 발표불안을 겪고 극복하는 이 과정이 전혀 부끄럽지 않다. 내가 올린 영상을 보고 누구라도 힘을 얻을 수 있다면 영상을 계속 올릴 것이다. "이런 허접한 영상을 올릴 수가 있지?" 라고 속으로 비웃을 수도 있다. 친한 지인은 대놓고 너 요즘 뭐하고 다니는 거냐며 핀잔을 주기도 한다. 처음에는 속상하기도 하고 그 지인이 밉기도 했지만 내가 좋아서 하는 일이기 때문에 남의 눈치를 안 보기로 했다.

보기 싫으면 안 보면 그만이지. 올리는 건 내 맘이지 않은가. 이렇듯 남들에게 발표불안임을 알리는 일이 더 이상 나에게는 부끄러운 일이 아니다. 내 영상에 "좋아요 눌러줘. 구독해줘."라고 적극적으로 말하고 다닌다. 내가 큰일이라고 생각하면 큰일이지만, 별거 아니라고 생각하면 정말 별거 아닌 일이 된다. 그렇게 생각하니깐 나에게 발표불안은 정말 별거 아닌 일이 되어버렸다. 오늘 아침밥 먹었어? 하는 것처럼 말이다.

"발표불안이 좀 있으면 어때. 사람이니깐 좀 떨 수도 있지. 잘하려고 하면 좀 긴장할 수도 있지."라며 대수롭지 않게 생각해버린다. 스스로 사람들에게 발표불안을 알리고 나서 나를 응원하는 사람도 많이 생겼다. 내가 발표불안을 극복해 가는 과정을 보고 용기가 생겼다는 사람도 보았고, 나를 벤치마킹해서 자신도 발표불안과 싸우겠다는 사람까지 생겼다. 유튜브나 인스타에 "나 발표불안이에요."라고 알리는 것을 쪽팔리다고 생각하지 않았으면 좋겠다. 제일 첫 단계는 내 발표불안을 인정하고 이것을 당당하게 사람들에게 알리는 것이다.

발표불안은 숨기려고 할수록 중요한 순간에 튀어나와 당황시킨다. 맞서 싸우기로 마음을 먹었다면, 부끄러워 말고 남들에게 당당하게 오픈해야 한다. 나의 불안을 인정하고 부끄러워하지 않는 순간, 이미 50프로는 극복한 것이니깐 말이다.

나의 지인들과 주로 소통하는 인스타에 내 발표불안에 대한 피드를 올렸다. 이제부터 시작이다. 나는 더 적극적으로 발표불안과 맞서서 피 터지게 싸울 각오가 되어 있었다.

두렵다면 그 일을 해버려라

나는 유난히 뱀을 무서워한다. 텔레비전에 뱀이 나오는 장면만 나와도 소름이 끼치고 심장이 벌렁거린다.

초등학교 때까지만 해도 내가 다니던 길은 비포장도로가 많았다. 도로 주변은 논밭으로 둘러싸여 있었는데, 비가 오면 하천이나 길에 지렁이나 개구리 같은 죽은 동물들을 흔히 볼 수 있었다. 어쩌다가 길가에 죽은 뱀이 누워 있으면 집에도 못 가고 한참을 서성였다. 나에게 스피치는 뱀처럼 두렵고 소름 끼치는 것이었다.

하지만 지금은 즐거운 도전, 내 인생에 아주 의미 있는 것, 내가 사랑하는 것이 되었다. 뱀은 멀리서 볼 때는 정말 눈물이 찔끔 날 정도로 끔찍스러웠다. 하지만 아무리 기다려도 나와 같이 길을 건너 줄 사람이 없다는 것을 알고 나서 나는 뱀 가까이 가보기로 결심했다. 집으로 가려면 저 징그러운 뱀을 건너야 하고 나를 도와줄 사람이 아무도 없다는 것을 알게 되었다. 뱀이 있는 곳으로 점점 다가가자 혐오스러운 뱀의 가죽 색깔이 더 선명하게 눈에 들어왔다. 연한 코코아색의 아직 크기가 작은 새끼 뱀이었는데, 죽어 있다는 것을 알면서도 혹시라도 뱀이 살아서 움직일까봐 겁이 났다. 막상 가까이 가서 뱀을 뛰어넘자 "아~ 이거 별거 아니네."하는 생각이 들었다.

방금 전까지 두렵기만 했던 마음에 급 평화가 찾아왔다. 발표 공포증은 뱀과 같다. 멀리서 보았을 때는 무섭고 두렵지만 가까이 가서 보니 그것은 살아서 꿈틀대지도 나를 공격하지도 않았다. 마음먹기가 어려웠지 막상 뱀을 뛰어넘고 나니 그것은 그냥 죽은 뱀의 시체일 뿐 별것이 아니었다.

운전면허증은 22살에 일찍 취득했지만 실제 운전을 시작한 건 4년 정도 되었다. 30이 넘도록 운전을 할 필요성을 느끼지 못했다. 내 나이 33살이 되어 비로소 운전을 해보기로 마음을 먹었다. 안전운전을 하면서도 혹시 부주의로 사고가 나지 않을까 불안하고 무서웠다. 어느 날 직장 선배에게 볼펜을 내밀며 운전하는 방법을 가르쳐달라고 했다. 선배는 친절하게도 A4용지에 볼펜으로 그림을 그려가며 평행 주차하는 법, 차선 바꾸는 법 등 열심히 알려 주었다. 그야말로 글로 운전을 배운 셈이다.

백지에 초보운전이라는 문구를 써서 차에 붙인 다음 아주 용기 있게 운전석에 앉았다. 그러나 막상 운전을 해보니 이야기를 들었던 것과는 많이 달랐다. 차선 변경을 못해서 시내를 한참 달려서 겨우 집으로 돌아올 수 있었다. 1년 동안은 항상 다니는 백화점, 마트만 갈 수 있었고, 또 1년이 지나자 교외로 나갈 수 있었다. 그리고 3년이 지나자 고속도로를 달릴 수 있게 되었다.

누구나 처음 하면 실수하고 잘 못할 수밖에 없다. 연습하고 또 연습하다 보니 어느새 지금은 한 손으로도 운전대를 잡을 수 있게 되었다. 운전대를 처음 잡을 때는 너무나 무섭고 두려웠지만, 지금은 전혀 그런 생각이 안 든다. 그 두려운 일을 반복해서 하다 보니 이제는 아무렇지 않은 상태가 되었다.

스피치도 마찬가지다. 당장은 두렵고 못할 것 같은 일, 예를 들어 사람들 앞에 나서서 발표하는 것은 막상 해보면 별것 아닌데 본인이 너무 두려움을 느끼는 것일 수 있다.

놀이동산에서 롤러코스터와 같은 놀이기구 타는 것을 좋아한다. 물론 하나도 겁이 나지 않는다면 거짓말이다. 놀이기구가 움직이기 전에 안전 바를 내리고 안전요원의 안내 멘트가 나오면 심장이 두근거린다. 발을 동동거리고 심장이 점점 빨라지고, 심장이 터질 듯이 요동친다. 자이로 드롭에 탑승해서 기구가 천천히 움직이기 시작하면 정말로 기분이 짜릿하다. 놀이기구가 하늘로 높이 올라가서 땅으로 3초 만에 쑥 내려오면 내 심장을 저 하늘 높이 놔두고 내려온 기분이 든다. 이런 자유낙하 기구를 타는 것은 얼마나 신나는지 일인지 모른다. 놀이기구가 움직이기 전

두렵다는 것은 잘 알지만 놀이기구를 타고 내려와서 느끼는 짜릿함은 엄청나다. 그렇기 때문에 사람들은 다시 자이로 드롭을 타려고 줄을 선다. 다시는 타지 않을 거야, 하는 생각은 전혀 안 든다. 또다시 타고 싶다. 두려운 일은 막상 하고 나면 별거 아니야라는 것을 알 수 있다.

하지만 내가 놀이기구를 타지 않았다면 평생 이런 기분은 느껴 보지 못했을 것이다.

한 달에 한 번 두 번째 목요일 점심시간에 업무보고 회의가 있다. 이 한 시간은 정말 나를 천국과 지옥을 왔다 갔다 하게 만든다. 내가 앞에서 이야기하는 시간은 5분 내외이지만 딱딱한 분위기 탓인지 그 어느 때보다 길게 느껴진다. 경우에 따라서는 날카로운 질문이 쏟아지기도 하고 질책을 당하기도 한다. 다른 동료들은 자료를 읽지도 않고 어쩜 저렇게 말을 유창하게 잘하는지 나는 늘 기가 죽었다. 다들 스피치를 배우나? 나와는 다른 유전자를 타고난 사람들 같았다.

월례회 초기에는 일주일 동안 연습하고 열심히 외우고 갔다. 하지만 외우는 데는 한계가 있었고 멘트를 써서 학생처럼 줄줄 읽기도 자존심 상했다. 그리고 외워서 회의에 들어가면 어딘가 모르게 부자연스러웠다. 수치가 많이 나와서 숫자의 단위라든지, 의학용어나 어려운 발음들도 많았다. 이 회의는 점점 부담이 되었다. 어떻게 하면 더 잘할 수 있을까 고민을 하면 할수록 더 잘

안됐던 것 같다. 어떤 때는 정말 바들바들 떨면서 내려오기도 했다. 점심을 겸하는 회의라서 내 차례가 끝나면 도시락을 먹기 시작하는데, 젓가락을 든 내 손이 덜덜 떨려서 밥을 뜰 수조차 없었다.

그렇게 몇 달이 지나고 어느 날 좋은 생각이 떠올랐다. 이 회의를 스피치 연습시간으로 생각하기로 했다. 스피치 동호회에서 연습한다는 생각으로 천천히 말하기 미션도 해보고, 사람들과 아이 컨택도 해보았다. 빔 포인터도 써보고 아나운서같이 또박또박 말해보기도 했다. 돈도 안 들이고 기회를 주시니 감사합니다. 그냥 그런 마음으로 회의에 나가기 시작했는데, 어느 순간 긴장이 덜 해졌다. 웃을 수 있는 여유도 생기고 발음이 꼬이거나 실수해도 나는 크게 신경 쓰지 않았다. 그리고 중요한 것은 남들도 크게 신경 쓰지 않는다는 것이었다.

이 보다 더 좋은 스피치 연습 기회는 없었다. 혹시나 5년 10년 뒤에 이런 기회가 찾아왔다면 더 막막하고 암담했을 것이다. 오히려 지금 업무보고 기회가 생긴 것이 얼마나 다행인지 모른다. 40~50대에 이런 굴욕을 맛보았다면 더 정신적으로 힘들었을 것이다. 그래서 발표불안이 있다면 좀 더 일찍 극복하려는 노력을 하는 것이 좋다. 모든 일에 늦은 때라는 것은 없다. 하지만 극복하려는 마음을 먹는다면 주저하지 말고 바로 도전해보길 바란다. 아무리 느린 속도지만 조금씩 발전하는 나를 발견할 수 있을 것이다.

내가 경험한 바에 의하면, 발표불안을 극복하기 위해서는 결과를 걱정하지 말고 시작부터 하는 것이 좋다. 할 수 있을지 없을지는 그 누구도 모른다. 그것은 신조차도 모르는 일이다. 일단 도전을 하는 것이 필요하다. 자신이 두렵고 못한다는 일을 마주할 자신이 없을 것이다. 나도 그랬다. 내가 사람들 앞에서 웃음거리가 되는 상황은 상상만 해도 미칠 것만 같다.

하지만 미루고 미루다 보면 영원히 못할 수도 있다. 시작도 못하고 내가 얼마만큼 해낼 수 있는 사람인지도 모른 채 죽고 싶지는 않았다. 삶의 마지막 순간에 후회하기 싫었다. 사람이 죽기 전에 후회하는 것은 자신이 했던 일이 아니라 자신이 하지 않았던 일이라고 한다. 나도 그렇게 후회하면서 내 인생을 보내고 싶지 않았다.

물론 처음부터 다 잘하는 사람은 없다. 계속하다 보면 나름의 노하우가 생기고, 이렇게 저렇게 다른 방법을 강구하게 되는 것이다. 그런데 시도조차 안 하면 그런 기회를 잡을 수도 없다.

모든 일을 다 잘할 필요는 없다. 잘하지는 못해도 도전하는 것, 시도하는 것이 중요하다. 그것은 남이 인정하지 않아도 내가 알아준다. 남들은 몰라도 나 자신만은 알아주는 법이다. 남을 위한 인생을 살지 말고, 내가 하고 싶은 일에 도전해야 한다. 오랫동안 마음속으로 고민만 했던 그 일, 오늘부터라도 그 일에 하나씩 도전하는 습관을 들인다면 그러면 언젠가는 그것이 운전하는 것만 큰 별거 아니라는 생각이 드는 날이 올 것이다.

하지만 그 일을 하겠다는 마음만 가지고 몸으로 도전해 보지 않으면 영영 시도도 못하고 끝날 수도 있다.

못해서 안 하는 것이 아니라 안 해서 못하는 것이다. 누구나 처음부터 잘하는 사람은 없다. 인생은 딱 한 번뿐이고, 나도 모든 것이 처음이었다. 내가 20살이 되었을 때도 처음이었고, 운전을 배울 때도 처음이었다. 100명 앞에서 강의를 할 때도 그때 처음 해본 것이었고, 지금 내 나이 38살도 내 인생에 처음으로 맞이하는 나이이다.

예전에는 20대에는 그 나이에 걸맞은 말과 행동을 알아서 척척하고, 30대가 되면 그 나이에 맞는 여유가 알아서 생기고 연륜이 거저 생기는 줄 알았다. 나는 여전히 철이 없고 내가 하는 모든 일은 처음 맞는 것이었다.

인생이라는 무대에서 나는 늘 아마추어였다. 경력 같은 건 처음부터 가지고 시작하는 것이 아니었다. 스피치 강의를 처음 맡게 되었을 때 한 번도 해본 적이 없었기에 당연히 두렵고 무서웠다. 경력이라는 장벽을 깨기 위해서는 나한테 알맞은 망치로 두드리는 것밖에 답이 없었다. 망치를 들고 열심히 천장을 깨다 보면 어느새 나에게 기회의 문이 열렸다. 어떨 때는 내가 들 수 있는 무게보다 무거운 망치를 들었다가 벽을 쳐보지도 못했고, 어떨 때는 너무 가벼운 망치라서 아무리 두드려도 깰 수 없었던 적도 있었다.

하지만 자꾸자꾸 망치를 들고 치다 보면 언젠가는 그 벽이 허물어지는 날이 올 것이다. 일단 도전해보고, 깨고 깨지는 과정이 필요하다. 그러기 위해서는 남들 앞에서 서는 기회를 여러 번 가져야 한다. 그래야 발표불안과 친해질 수 있다.

틀린다고 하늘이 무너지지는 않는다

나는 남들 앞에서 이야기를 할 때 남들이 생각하는 것과 내가 생각하는 내용이 틀릴까봐 걱정했었다. 내가 알고 있는 내용이 잘못된 정보일까봐, 내가 착각을 하고 있거나 숫자나 도표를 틀릴까봐 말하기가 꺼려졌다. 어쩔 수 없는 상황이라면 할 수는 있겠지만 먼저 내가 하겠다고 나서기는 힘들었다.

공식적인 자리에서 말을 할 때 수치나 용어를 잘못 사용하는 경우가 생길 수도 있다. 하지만 듣는 사람들은 "당신 이거 틀렸어요." 하면서 핀잔을 주거나 무안을 주는 경우는 거의 없다. 긴장해서 실수를 했네. 혹은 단위를 잘못 썼네 하고 속으로 생각하고 만다. 그리고 대부분의 사람들은 별 대수롭지 않게 넘겨버린다. 그리고 대부분은 화자가 틀렸는지도 모르고 듣고 있을 것이다.

남들은 내가 무슨 말을 하는지 크게 관심 없다. 오늘 점심 메뉴라든지, 집에 혼자 있을 반려견을 생각하면서 내 말이 귀에 잘 들어오지도 않을 것이다. "틀릴까봐 두려워." "두려워하는 것이 두려워." 많은 생각들 때문에 주저하게 된다. 항상 너무 완벽하려고 하지 말자. 사람은 누구나 완벽하지 않은 존재라는 것을 각자가 다 잘 알고 있기 때문이다.

내가 처음 발표불안을 갖게 된 것도 너무 완벽해지고 싶은 욕심이었다. 사람은 누구나 계획을 가지고 있지만, 계획대로 다 되지는 않는다. 영화 기생충에서 송강호의 대사처럼 어떨 때는 무계획이 아주 좋은 계획이 되기도 한다. 이것저것 걱정하지 않고, 처리했던 일이 오히려 더 잘 풀렸던 적이 있는가. 특히 발표불안은 지나친 걱정에서 오는 경우가 많다. 오늘 걱정은 내일모레라는 노래 가사처럼 걱정을 좀 덜어내는 편이 정신건강에 좋다.

나의 큰 장점 중에 하나가 있다면 잘 웃는 것이다. 혹시나 실수를 하게 되면 나는 아주 크게 활짝 웃어버린다. 이것은 내가 가진 아주 큰 무기이다. 친구와의 관계, 사회생활 중에 부딪혔던 문제들은 나의 큰 무기로 거의 대부분 무찌를 수가 있었다.

하지만 발표불안만큼은 내 웃음으로 통하지 않는 문제였다. 발표불안이 오면 나는 웃음이 나오지 않았다. 몸과 얼굴의 근육이 굳어버리고 내 사고는 진지 그 자체였다.

얼마 전 회의를 하다가 나도 모르게 호흡곤란이 와서 목소리가 떨린 적이 있었다. 속사포 랩처럼 회의 진행을 하다가 나도 모르게 웃음을 터트렸다. "아휴~ 호흡곤란이 오네요. 숨이 차서 좀 쉬겠습니다." 하고 웃었더니, 썰렁했던 분위기가 한순간에 깨지면서 다들 한바탕 웃게 되었다. 내가 우려했던 불상사는 일어나지 않고, 자연스럽게 다른 분이 이어서 회의를 진행해 주셨다.

남들이 이상하게 볼까봐 늘 틀리지 않으려고 노력했다. 혹시라도 목소리가 떨리면 내 몸은 극도의 긴장상태가 되어 이런 웃음조차 만들 수 없었다. 빠른 목소리로 회의를 이끌던 내 모습을 안쓰럽게만 보다가 막상 내가 "나 숨차요."라는 말을 내뱉자 사람들이 그제서야 웃기 시작했다. 오늘도 큰 웃음을 주었구나 생각했다.

강연회를 가거나, 교육을 듣는 기회가 생기면 저 사람은 어쩜 저렇게 말을 잘할까 하고 감탄할 때가 있다. 저 사람은 전문 강사고, 강연을 많이 다닌 사람이다. 당연히 말을 잘할 수밖에 없다. 매일 친구랑 수다나 떨고, 전화로 시시콜콜한 이야기만 하는 게 전부인 나랑은 다르다. 뒤에서 피나는 연습을 하고 온 사람이랑 나를 비교하지 말자. 나는 전문가도 아니고, 평소에 말하기를 연습하는 사람도 아니다. 그러니 못하는 것은 당연하다. 잘하는 사람과 비교하지 말고, 나 자신과 비교하라. 그러면 자괴감도 좌절감도 덜할 것이다. 나를 질투하는 사람도, 내가 질투하는 사람도 없을 것이다.

면접 때 면접관의 질문에 절박함이 없어 보이는 사람은 면접관들에게 큰 인상을 남길 수 없다. 약간은 목소리의 떨림과 눈빛의 흔들림 속에 대답을 잘 해내려고 애쓰는 사람이 오히려 성실하게 느껴진다. 조금도 막힘없이 말을 잘하는 사람은 얼마나 인간미 없는가. 조금은 긴장하고 말을 더듬는 사람, "제발 저를 뽑아주세요!"라고 온몸으로 이야기하는 사람에게 더 높은 점수를 줄 것이다. 기가 막힌 대답으로 면접관을 홀리지는 못해도 몸에서 느껴지는 간절함은 더 절실히 전달될 것이다. 이렇듯 조금 서툴고 못하는 부분이 오히려 이 사람의 진정성을 더 드러내는 수단이 될 수도 있다.

"학창시절에 발표할 사람?" 하고 묻는 선생님의 질문에 한 번쯤 심장이 쿵 하고 떨어졌던 적이 있을 것이다. 나 역시 눈을 내리깔고 나만 시키지 말길 빌었다.

말을 내뱉는 것은 쉽다. 단지 내 생각을 남들 앞에서 이야기하는 것이 힘들 뿐. 우리는 매일 먹고, 자고, 말하며 살고 있지 않은가. 말은 생존에 꼭 필요하고 우리가 매일 필요한 말들을 입 밖으로 뱉고 있지만 막상 "생각을 말해봐."라고 하면 그때부터는 입을 열기가 어렵다.

나는 기억력이 굉장히 나쁜 편이다. 어제 먹었던 메뉴도 생각이 가물거리고, 방금 했던 얘기도 잘 기억 못 할 때도 있다. 책을 읽으면 금방 읽었던 내용이 기억이 안 날 때도 많다. 그래서 책을 읽을 때는 밑줄을 긋고 포스트잇으로 메모를 하면서 읽는다. 기억력이 나쁘다 보니깐 왜곡된 사실을 말할까봐, 내용이 뒤죽박죽 정리가 안 될까봐 겁이 나서 선뜻 못 나설 때가 있다. 좀 틀리면 어떤가. 말이 조리 있지 않으면 좀 어떤가. 모두가 컴퓨터처럼 완벽하고 정확하지 않다. 좀 틀려도 된다. 내가 말할 때 좀 틀린다고 세상이 무너지거나, 큰 손해를 보거나 하는 일은 거의 없다.

얼마 전 지역 방송국에서 우리 병원을 인터뷰하러 왔다. 내가 생각하던 기자는 말을 조리 있게 막힘없이 해내는 사람이었다. 생방송 뉴스 중에도 긴장을 하지 않고 돌발 상황에서도 전혀 떨지 않았다.

나는 기자를 본 적이 처음이었다. 그 기자는 똑같은 촬영을 7번이나 하고서야 오케이 사인을 받을 수 있었다. 그 기자는 비슷한 촬영을 수도 없이 해 본 베테랑일 것이고, 분명 연습을 하고 왔을 텐데도 실전에서 실수를 여러 번 했다. 모든 드라마, 영화, CF는 수도 없이 NG를 낸다. 완벽한 컷을 얻으려면 이처럼 어렵다. 한 번에 모든 것을 완벽하게 갖춰서 정확하게 해내기란 어렵기 마련이다.

초등학교 때 웅변대회를 앞두고 담임선생님은 나에게 이렇게 말씀하셨다.

"주영아, 다른 사람들은 네 원고를 가지고 있지 않아. 문장이 생각나지 않으면 생각하려고 애쓰지 마. 자연스럽게 넘어가면 돼."

억지로 생각하려다가 보면 긴장해서 말을 멈추거나 목소리가 떨릴 수 있다. 나는 선생님 말씀대로 했다. 틀려도 되고 실수해도 된다. 다만 남들이 알아차릴 만큼 티만 안 내면 된다. 나는 한 번도 웅변대회에서 멘트를 까먹어서 당황했던 적이 없다. 내 마음 속에 틀려도 된다는 생각이 내 마음을 편하게 해 주었다.

혹시나 할 말을 잊어서 더듬거려도 괜찮다. 잘 하면 좋은 거고 만약 잘못 했다고 하더라도 다음에 잘하면 된다. 너무 잘하지 않아도 된다. 내가 웅변대회에서 멘트를 까먹고 우물쭈물 당황했어도 선생님은 분명 나에게 잘했다고 격려를 해 주셨을 것이다.

나는 내가 해보지 않았던 일에 도전했고, 내가 할 수 있는 모든 힘을 다해 노력했다. 도전은 그 자체로 짜릿했다. 웅변대회에 나간 초등학교 학생처럼 지금 실수해도 된다. 아무도 나를 비난하지 못할 것이다. 그들이 주저할 때 나는 도전했다. 그럼 됐다. 최소한 내 이야기를 듣고 있는 사람보다는 조금 더 용기 있고, 조금 더 도전적인 사람이었기 때문이다. 일어나지도 않은 일에 걱정하지 말고, 조금 틀려도 된다고 스스로에게 말해보자.

자신만의 루틴을 개발하라!

나는 불안 중에서도 강의 직전에 오는 예기불안이 아주 심한 편이다. 모든 신경이 내 입, 내 목소리에 집중되어 있어서 혹시나 가래 낀 목소리나 쇳소리가 나오지는 않을까 불안하다. 그러나 단 한 번도 이런 일은 일어나지 않았다. 단지 불안한 마음에 걱정이 앞서서 그런 것이다.

강의 전에 찾아오는 예기불안을 떨치기 위해 하는 나만의 루틴이 있다.

첫 번째는 바로 따뜻한 차이다. 커피는 카페인이 들어 있어 강의 중 흥분상태를 유지시키기 때문에 녹차나 따뜻한 물을 준비하는 것이 더 좋다. 평소에 허브티를 즐겨 마시는 편인데 케모마일은 스트레스를 완화시키고 심신의 안정을 가져다주는 효능이 있다. 강의 전에도 실전처럼 케모마일 티를 수시로 마시며 연습을 하는 편이다. 그러면 어느새 자신도 모르는 사이 케모마일의

향을 맡는 순간, 그리고 티백을 싸고 있던 포장지만 보아도 마음이 편해진다. 다만 화장실을 자주 갈 수 있으니 강의 직전에 미리 화장실을 다녀오는 것이 좋다. 텀블러에 미지근한 물과 케모마일 티백을 담그는 순간, 내 강의는 이미 성공을 향해 달려간다.

두 번째는 편한 굽이 달린 구두이다. 메러비안의 법칙에 따라 강의가 있는 날이면 내 나름대로 한껏 꾸미고 가는 편이다. 하지만 평소에 하지 않던 어울리지 않는 머리 스타일이나 높은 굽의 구두는 오히려 마음을 더 불안하게 만들어 버린다. 그래서 평소에 자신이 하던 스타일에서 약간만 변화를 주어야 한다. 평소에 나는 머리를 잘 묶는 편이라서 긴 머리를 푸는 것은 왠지 어색하게 느껴진다. 그래! 당고머리 스타일에 낮은 굽을 신어야지! 강의도 하기 전에 마치 강의장에 들어온 것 같이 상상을 한다. 이런 상상은 실전에서 당황하지 않도록 하는 좋은 훈련이다.

원래 키가 작기 때문에, 너무 낮은 굽을 신으면 왠지 굽에 내 자신감이 비례하는 기분이 든다. 그래서 너무 높지도 낮지도 않은 굽을 신도록 한다. 과하게 높은 굽은 나를 더 불안하게 만든다. 평소에 신지도 않던 높은 굽을 신어서 자신감을 키우려 했다면 강의 내내 강의에 집중을 못하는 불상사가 생길 수도 있다.

세 번째는 너무나 기본 중에 기본이라고 할 수 있는 것인데, 바로 강의 장소에 미리 도착하기이다. 대부분의 경우 한 번도 가본

적 없는 강연장에서 강의를 진행하는 경우가 많을 것이다. 정기적으로 진행하는 강의가 아니라면 미리 도착해서 아무리 적응을 하려고 해도 여전히 낯설고 두렵다. 강연장에는 사람들이 뿜어내는 에너지로 가득 차게 된다. 이 낯선 공간을 내가 뛰어놀 수 있는 즐거운 공간으로 채우기 위해서는 1시간 정도 일찍 도착해서 공간에너지를 나의 에너지를 채워 넣어 보자. 강연를 시작하기 전 마이크로 "아, 아~" 목소리도 내 보고 강단을 이리저리 걸어 다녀보기도 해보자.

이런 행동을 한 것이랑 하지 않은 것은 아주 큰 차이가 있다. 나는 예전에 4시간 전에 도착해서 앉아 있었던 적도 있다. 그리고 그날 나는 전혀 떨리지도 두렵지도 않은 기분을 느낄 수 있다. 대부분의 강사들이 강의 30분 전에 도착해서 마이크 상태라든지 동선, 조명상태 동영상 플레이 상태를 체크한다. 물론 강의 전 상태 점검도 목적이겠지만 그 공간을 자신의 에너지로 채워 넣는 시간을 가지는 것이다.

강의 직전 도착해 허둥지둥 산만한 강의를 하는 강사를 본 적이 있다. 정말 프로의식이 없어 보였다. 그때 강의 중 동영상 시청을 했는데, 미리 음향체크를 못해서 그날 참석했던 사람들이 동영상을 시청하지 못하는 대참사를 겪었다. 이것은 청중에게 민폐를 끼치는 행동이다. 나는 혹시라도 강연장을 찾지 못하고 헤맬까봐 걱정이 되어 미리 교육 장소를 답사하는 편이다.

예전에는 준비성이 철저하다 못해 넘쳐흘렀던 때도 있었다. 혹시 강의 준비에 도움이 될까 싶어서 CS 교육 전 병원의 규모와 직원들의 분위기를 알고 싶어서 홈페이지와 구글 맵을 켜서 확인하는 것으로는 성이 차지 않아 다른 동료 강사의 만류에도 불구하고 강의 보름 전 산속에 있는 요양병원에 다녀온 적도 있다. 강의 장소와는 전혀 상관없었는데도 말이다.

네 번째는 "할 수 있다."고 마인드 컨트롤을 하는 것이다. 예기 불안은 일반인들만이 겪는 문제는 아니었다. 실제 전문적으로 강의를 하는 강사들도 비슷했다. 나는 강사들은 모두가 타고난 강의 체질인 줄 알았다. 하지만 강사들도 같은 사람이구나 싶었던 적이 한두 번이 아니다. 나보다 더 긴장하는 강사들도 많이 보았고, "나 사실 떨려."라며 솔직하게 고민을 털어놓는 경우도 보았다. 강의를 시작하기 전에 엄청 떨리지만 속으로 잘 될 거라고 계속 마인드 컨트롤했다. 이것을 보고 나도 강의 전에 스스로 주문을 건다.

"나 오늘 완전 대성공. 여기 모인 사람들 다 죽었어. 이 자리에서 즐기면서 잘하고 내려간다."

이렇게 되뇐다. 그러면 진짜 강의할 때 슈퍼파워가 나온다. 말의 힘은 정말 대단하구나 하는 생각을 한다. 지레 안 된다고 겁먹지 말고, 잘 끝날 거라고 나에게 이야기해보자.

다섯째, 강의 전에 입을 크게 움직여 스트레칭을 미리 해두면 안면 근육을 푸는 데 도움이 많이 되었다. 점점 강의시간이 다가오고 마음이 초조해진다. 관중들의 시선이 두렵고 집중되는 것이 부담스러울 때는 나의 신경을 다른 곳으로 분산시키는 것이 좋다.

강의 전에는 몸을 많이 움직여 주는 것이 좋다. 손가락 스트레칭이라든지 팔다리를 터는 동작은 나의 불안감을 해소시키는 데 많은 도움이 되었다. 강의 전 아주 도도한 자세로 강의실을 왔다 갔다 하는 것도 "이 무대를 장악하겠어." 하는 나의 마음다짐이기도 했다. 평소에 꼿꼿한 자세로 마치 학처럼 걷는 연습을 하기도 한다. 조금이라도 더 강사처럼, 진짜 강사처럼 보이고 싶었기 때문이다.

내가 아는 사람 중에는 이벤트 행사 전날 잠을 못 잘 정도로 긴장을 하는 강사도 있었고, 초록 식물들을 보아야 강의가 잘 풀리는 강사도 있었고, 강의 전에 새 양말을 신는 사람도 있었다. 강사라고 어느 자리에서든 다 당당하게 이야기를 술술 하는 건 아니었다. 강사들도 불안을 느끼고, 강의를 앞두고 심한 예기불안을 느꼈다. 그러다가 어떤 특정한 행동들을 반복했을 때 강의가 순조롭게 잘 진행되었던 경험을 하고는 자신만의 루틴을 개발하고 실천하고 있었다.

나만의 루틴

1. 따뜻한 케모마일 티
2. 중간 굽 높이의 구두
3. 일찍 도착하기
3. 마인드 컨트롤
4. 간단한 스트레칭

위에서 말한 내용 말고도, 자신 만의 루틴을 개발해서 적용시키다 보면 조금 더 편안한 발표를 할 수 있을 것이다. 나는 이런 나만의 반복적인 행동을 통해 예기불안을 줄일 수 있었다. 내가 어떤 것들에 기분이 편안해지는지 생각해보고 발표 전 적용해 보길 바란다.

열정 에너지

새 옷이나 새 차를 사게 되면 한동안은 기분이 좋다. 하지만 여러 번 사용하다 보면 처음만큼 소중하게 느껴지지 않는다. 처음 새 옷을 입게 되면 셔츠에 얼룩이 묻을까 흙먼지를 털어내고 조심한다. 하지만 어느 정도 시간이 흐르면 초심은 어디로 갔는지 입고 난 옷은 손빨래를 한 두 번 하다가 한 달도 안 되어 세탁기로 직행한다. 계절이 끝나갈 때쯤 옷은 이내 목이 늘어나고 보풀이 일어나 있다. 셔츠는 처음 택배 상자를 열 때와는 대접이 달라진다. 더 이상 옷걸이에 걸어 두거나 다림질을 하지 않게 된다.

슬프지만 어떤 일을 도전할 때 처음 품었던 열정이 점점 무뎌져 가는 것과 비슷하다. 열심히 해보자고 다짐했으나 점점 귀찮아지고 미루다가 결국은 포기하게 된다.

꿈을 이루기 위해서는 자신의 모든 것을 걸어야 한다. 그래서 비로소 미칠 수가 있다. 해보겠다는 마음을 먹었으면 포기하지 않는 열정이 반드시 수반되어야 한다. 시간이 없어서 두려워서 혹은 부끄러워서… 등등 스피치를 시작했지만 금방 열정이 식어버리는 경우를 자주 보았다. 그러고는 "역시 나는 안 돼. 무대공포증은 극복할 수 없어."라고 대부분의 사람들은 지레 겁을 먹고 포기해버린다.

나 역시도 해가 바뀔 때마다 많은 계획을 세우고 얼마 가지 않아 좌절하는 사람 중 하나다. 하지만 신기하게 스피치에 대한 열정만은 식을 줄을 모른다. 액셀레이터와 브레이크를 적절히 밟으면서 스피치 종착점을 향해 열심히 달려가는 중이다. 액셀레이터만 주야장천 밟으면 쉽게 지친다. 쉽게 만들어진 부자는 쉽게 사라진다. 스피치도 마찬가지다. 로또로 한 순간에 일확천금을 얻은 사람이 몇 년 뒤 노숙자가 되었다는 이야기는 외국뿐만 아니라 우리나라에서도 일어났던 일이다. 스피치 학원 한두 달 다녀놓고 큰 변화가 있기를 바라는 것은 아주 큰 욕심이다. 물론 발음, 발성도 퍼블릭 스피치를 할 때 아주 중요하다. 그렇지만 발표불안이라는 것이 단순히 '아, 에, 이, 오, 우'나 복식호흡으로 해결되는 간단한 문제는 아니다. 발표불안은 마음의 문제다. 내 마음을 들여다 보고 안아 주고 쓰다듬어 주고 위로해 주어야 극복이 된다.

나는 동호회 활동 말고도 발표불안 관련 인터넷 카페에도 가입이 되어 있다. 활발히 활동을 하는 편은 아니지만 나태해지는 나 자신을 돌아보고 다른 사람들의 고민도 공유할 수 있어서 가끔씩 들어가서 글을 남기고는 한다. 그러다가 같은 지역에 사는 어떤 분이 예전에 내가 겪었던 고민과 비슷한 내용으로 카페에 가입을 했다는 글을 보았다. 반갑기도 하고 동병상련의 고통을 아는지라 그냥 지나치기 힘들어서 댓글로 응원을 했다. 그리고 도움이 필요하면 연락을 달라고 했다.

하루 뒤 그 사람으로부터 쪽지가 왔고, 나도 그 고충을 충분히 알고 있으니 동호회도 알려 주고 필요하면 코칭도 해 주고 싶다고 했다. 하지만 그 분으로부터 돌아온 대답은 자기는 지금 너무 바쁘니 한가해지면 연락을 하겠다는 것이었다. 그리고 한참이 지난 지금까지 연락이 없다. 그렇다. 내가 아무리 그에게 도움을 주고 싶어도 본인의 의지나 열정이 거기까지이면 나는 더 이상 해줄 수가 없다. 억지로 동호회에 끌고 나올 수도 그리고 키즈 스피치 학생처럼 이렇게 하라 저렇게 하라 할 수 없다. 본인이 바뀌려는 의지와 열정이 제일 첫걸음이다. 새해 계획으로 다이어트, 운동, 어학 공부 등 나 역시도 많은 계획을 세운다.

하지만 성공 여부는 나의 열정에 달려 있다. 스피치를 계속 이어나가겠다는 의지가 먼저 있어야 그다음 단계를 밟을 수가 있다. 스피치를 배우고 싶다면 마음속으로 생각만 하지 말고, 인터넷 검색만으로 그치지 말고 학원 문 앞에라도 한번 가봐야 한다. 꿈은 꾸는 게 아니고 만지는 것이라고 한다. 머릿속으로만 해야지, 해야지 말만 하지 말고 스피치 능력을 향상하기 위해 지금 당

장 학원 등록까지는 아니더라도, 상담전화라도 할 수 있는 용기
가 있어야 한다.

한번 타오른 열정이 쉽게 사그라드는 사람도 있다. 스피치란
게 어제 오늘 팍팍 느는 게 아니다. 나는 어떤 날에는 물 흐르듯
말이 술술 잘 나오다가도 다음 주에는 머릿속이 하얘지고 발음
도 꼬이고 엉망이 되기도 했다.

나는 동호회 모임에서 이런 얘기를 한 적이 있다.

"이 먼지 같은 시간이 쌓이고 쌓여 언젠가는 스피치에 도움이
되지 않겠어요?"

스피치 모임에 나왔던 사람들 중에는 한두 번 나오다가 그만
두는 사람도 있고 띄엄띄엄 나오는 사람도 있다.

스피치 동호회 모임을 나는 친정집이라고 표현한다. 오면 마음
도 편하고 고향에 온 듯한 기분이 든다. 스피치는 한 발만 담그고
있으면 된다. 매주 나가지 않더라도 어쩌다가 한 번씩 참석해 주
면 된다. 스피치를 잊지 말고 친정집처럼 편하게 참석하면 좋겠
다. 오랜만에 나왔다고 해서 안 좋게 보거나 싫어하는 사람은 전
혀 없다. 오히려 찾아와 준 게 반갑고 고마울 따름이다. 그래도
스피치 모임을 잊지 않았구나, 하면서 말이다.

두 발을 담그는 것도 좋겠지만 전문 스피치강사가 아니면 가
끔 참석해서 사람들 앞에서 가슴 떨리는 기분을 느끼는 것은 아
주 좋은 연습 방법이다.

스피치는 마라톤이다. 100미터 달리기처럼 학원에 등록해 수강 2달 만에 마스터할 수 있는 게 아니다. 평생교육원에서 시행하는 리더십 코스를 수강하고 수료증을 받았다고 해서 몇 달 만에 리더십이 뿅~하고 생기지 않는 것과 마찬가지다. 아주 일관적인 행동들이 차곡차곡 쌓였을 때 이것들이 모여 나중에 큰 힘을 발휘한다. 나도 모르는 사이 마음이 편해지고 목소리 떨림이 사라지는 것이다.

스피치는 운동처럼 연습하고 훈련해야 한다. 세상의 모든 기능은 쓰지 않으면 퇴화한다. 이것은 불변의 진리이다. 영어단어를 열심히 외웠지만, 평상시 쓰지 않으면 1주일만 지나도 기억이 잘 나지 않는다. 헬스장에서 열심히 사이드 레터럴 레이즈를 했다고 하더라도 1주일 만에 어깨의 근육이 잘 드러나게 되는 건 아니다. 오늘 운동한다고 당장 근육질 몸매가 완성되지는 않지만 매일매일 헬스장을 방문한 사람과 그렇지 않은 사람은 분명 몇 달 뒤 큰 차이가 있을 것이다. 그리고 이것이 몇 년이 지났을 때는 그 차이가 극명하게 보일 것이다.

유튜브 강의나 스피치코스 등의 교육을 받는 것은 매우 좋은 훈련 방법이다. 정신력도 키우고 스피치에 대한 기본 스킬을 습득하는 데 아주 효율적이기 때문이다. 하지만 이를 일시적인 것으로 치부해버리면 더 이상 발전할 수 없다. 내 안의 열정을 끌어올려 횃불이 아닌 장작불로 끌고 나가는 지혜를 가져야 한다.

아무 일도 하지 않으면 아무 일도 안 일어난다. 머릿속에 가로 세로, x축 y축을 그려보자. 어떤 사람이 100의 에너지로 상승하고 100의 에너지로 추락했다고 가정을 해보자. 그러면 이 사람이 가지고 있는 에너지는 0일 것이다. 하지만 아무것도 하지 않고 그 자리에 머물러 있는 사람의 0 에너지와는 분명한 차이가 있다. 두 사람의 최종에너지는 같은 0이지만 100으로 올라가려고 노력했던 사람은 그 과정의 시행착오를 얻었다. 그리고 최종적으로 얻게 되는 경험치에 변화가 생겼을 것이다. 내 겉모습(외모)은 변화가 없지만 내 안의 물질(내면)은 분명히 변화했다. 외모적인 변화는 없지만 그만큼 내면은 성숙을 이루었다는 뜻이다.

남들 앞에 서는 것은 굉장히 힘든 과정이었다. "너는 스피치를 한다면서 왜 그것밖에 못 해?" 남들이 핀잔을 줄 것 같아서 선뜻 나서기가 힘들 때도 있었다. 나는 1만큼이라도 상승하려고 부단히 움직이고, 어떨 때는 하강할 때도 있다. 한 대 맞고 내려오면 다시 나를 정비하고 추스르고 다시 떠오른다. 나는 이런 작업을 반복하면서 스피치와 사랑에 빠졌다.

스피치는 정체기도 있다. 오르락내리락도 하지만 아무런 변화가 없는 시기도 있다. 이 시기도 현명하게 잘 이겨내야 한다. 그래야만 다시 올라갈 수 있다. 내면의 에너지를 스피치 열정으로 채워 넣어보자.

나는 스피치 에너지로 빛나는 사람이 되고 싶다. 내 안의 에너지를 스피치로 가득 채워 넣을 것이다. 아무것도 하지 않아도 겉으로 보기에 빛이 나는 사람이 있다. 내 목표는 말 에너지로 내 안을 가득 채워 넣는 것이다. 나라는 사람은 늘 스피치라는 생각으로 가득 차 있다. 스피치 관련해서 안 해 본 일이 없고 누구보다 스피치를 사랑하는 사람이다.

스피치는 단순히 말하기 연습이나 말을 잘하는 스킬이 전부가 아니다. 스피치는 내 인생을 긍정적이고 열정으로 바꾸어 놓았다. "나는 안 돼."라는 생각을 "할 수 있다."로 바꾸어 놓았다. 생각이 머물러 있으면 행동도 그 자리에 머물러 있기 마련이다. 항상 무엇이든 할 수 있고 될 수 있다는 생각으로 스피치 에너지를 자신의 내부에 채워 넣길 바란다.

나는 대단한 능력이 있는 것도 결연한 의지가 있는 것도 아니지만 스피치에 대한 마음은 항상 변함이 없다. 스피치는 혼자만 하는 짝사랑 정도였는데 이제 진정한 스피치에 대한 사랑을 알아가고 있다는 생각이 든다.

강연을 하려면 왠지 모를 부끄러움이 밀려올 때가 있다. 분명 강연장에는 나보다 많은 지식을 갖춘 사람, 나보다 훨씬 말을 잘하는 사람이 있을 것이다. 하지만 무대에 서 있는 순간만은 내가 최고라는 생각을 가져야 한다. 입에 거품을 물고 해야 한다. 대부분의 강의는 돈을 받고 하는 경우가 많은데, 그럴수록 나를 상품화하고 무대를 장악해야 한다. 내가 마시는 소주 한잔이 양주보다 귀하다고 여겨야 한다.

처음에 떨릴 때는 오히려 더 크게 내지르는 것도 좋은 방법이다. 스피치는 정도가 없다. 내가 만족하고 내가 즐기는 스피치가 최고의 스피치이다. 1분 짜리 자기소개도 쩔쩔매던 시절에는 자기소개의 내용보다는 나보다 못하는 사람이 있나 없나가 중요했다. 내게 쏠리는 시선들, 사람들의 수군거림이 너무나 두려웠기 때문이었다.

이제는 주목받는 것이 즐겁기까지 하다. 수많은 눈이 내 손짓에 내 웃음에 같이 웃고, 많은 사람들이 고개를 끄덕이면 내가 빛이 나는 것 같다. 스피치는 내가 살아가는 이유이다. 나는 말할 때 빛나는 사람이다.

남에게 도움을 주는 삶, 사명

어릴 때 나는 호기심이 많은 아이였다. 궁금한 것도 알고 싶은 것도 많았다. 학창시절 수업을 끝내고 교무실로 향하는 선생님을 붙잡고 복도에서 이것저것 질문을 해 본 경험이 있는가?

답을 다 듣고 나면 선생님은 기특하다는 듯 흐뭇한 미소를 지어주셨다. 일부러 질문한 건 아니었으나 신나게 떠들어 대는 우리 반, 옆 반 친구들 사이로 선생님과 나는 다른 세계의 사람이 된 것 같았다. 내가 모르는 것을 선생님께 질문한 것. 그리고 열심히 설명해 주시는 선생님. 이런 것들이 다 나의 핵심 기억 속 좋았던 추억으로 남아 있다.

어쩌면 나도 어릴 때 은사님처럼 남을 가르쳐 주는 삶에 대한 로망을 꿈꾸며 선생님이라는 직업을 쭉 품어 왔던 것 같다. 비록 지금 내가 가진 직업이 교사는 아니지만 아직도 학교에서 학생들을 가르치는 선생님들을 보면 존경스럽고 대단해 보인다.

스피치 동호회가 끝나고 동호회 보배(보고 배우는 사람이라는 뜻) 님이 나를 불러 세운다. 사람들 앞에서 말을 할 때 목소리가 떨려 고민이라고 했다. 심지어 카페에서 친한 친구들 두세 명과 말을 할 때도 그런 증상이 있다는 것이다. 예전의 내 모습도 이랬을까? 아무리 노력해도 도저히 이런 증상을 고칠 수가 없다고 했다.

"저도 한 번씩 그럴 때가 있어요. 아주 친한 지인인데도 말이에요. 전혀 긴장하거나 잘 보여야 되는 상황도 아닌데도 입술 주변이나 눈 주변의 근육이 마음대로 마구 떨리면서 목소리가 같이 떨리기도 해요."

이 말을 듣자 보배님은 이제 안심해도 되겠다는 듯 미소를 지었다.

"자주 쓰지 않는 근육은 나도 모르게 경련이 일어날 때가 있어요. 평소에 입술 주변 그리고 얼굴 스트레칭을 해 주시고 목소리 떨림 방지를 위해 평소에 '솔' 톤으로 아~ 하고 크게 소리를 길게 쭉 뽑아내세요."

나는 지난날 복도에서 쉬는 시간 10분 동안을 다 할애하고도 더 가르쳐 주려고 하시던 선생님의 모습을 떠올렸다. 나도 선생님처럼 이것저것 내가 아는 것, 내가 도움이 되었던 방법들을 가르쳐 주었다. 그랬더니 "저 주영 보배님 동영상 다 봤어요."라면서 보배님이 얘기했다.

예상 못했던 이야기에 순간 허를 찔린 기분이었다. "아뿔싸! 너무나 오글거리는 내 유튜브 동영상을 보셨다니!" 고마우면서 갑자기 부끄러워졌다. 1~2년 전부터 생각날 때마다 한 번씩 올렸는데 집에서 휴대폰으로 하다 보니 영상에 대한 기교도 없고 편집도 엉망이었다. 가까운 지인들은 안 봤으면 했는데 눈앞의 보배님이 보셨다니. 보배님은 내 영상이 자기에게 도움이 되었다고 한다. 처음에 영상을 올릴 때부터 한 사람이라도 보고 발표불안을 극복하겠다는 의지를 가질 수 있다면 된다고 생각했다. 내 영상으로 누군가가 힘을 얻고 용기를 얻는다면 내 쪽팔림은 감수하겠다고 다짐했다. 집에 와서 보이스 트레이닝 자료를 보내고 이를 녹음한 음성파일도 보냈다. 감사하다는 답이 돌아왔다.

발표불안을 지독히 앓고 있던 어느 날 나는 최근에 입사하는 신규직원 교육을 하라는 지시를 받았다. 이제 막 입사한 까마득한 후배들 앞에서 내가 십 년 넘게 해 오는 업무교육은 식은 죽먹기일 것 같았다. 처음에는 기선 제압을 위해 내가 할 수 있는 한 최대한 까칠하게 말을 했다.

"안녕하세요. 유주영입니다. 시간 관계상 빨리빨리 진행해야 하기 때문에 말은 편하게 할게요. 앉아서 진행해도 되겠죠?"

나름 도도하게 시작을 하고 자리에 앉아서 PPT를 넘겼다. 그때부터 몸이 미친 듯이 덜덜 떨려왔다. 분명히 잘할 것 같았는데 말이다. 원인은 실수할지도 모른다는 생각이 거의 80프로 내 머릿속에 있었기 때문이다. 스피치 스킬과 교육내용은 아주 숙지를 잘하고 있었으나, 마인드 컨트롤에서 실패를 했다. 처음 시작을 아주 도도하게 해서 덕분에 나는 강의 시간 25분 동안 쪽팔림에 고개를 들 수가 없었다. 물론 그때의 일을 기억하는 사람은 나뿐일 것이다. 지금 신입직원들은 그때 내가 교육을 했었는지조차 가물가물 할 것이다.

이처럼 마음가짐은 아주 중요하다. 정말 불안할 때는 강의를 무사히 마쳤다고 가정하고 내 기분을 적어본다. 혹은 가족에서 강의가 잘 끝나서 축하한다는 이야기를 계속해달라고 한다. 나는 뻔뻔스럽게 "어제 강의 너무 잘해서 사람들이 박수가 장난 아니었어. 너무 즐겁고 좋은 경험이었지." 이렇게 얘기한다. 나의 뇌를 속이기 위한 나만의 방법이다.

강의 1주일 전에는 공책에 '설렌다.' 라는 글을 빽빽하게 적어본다. 그러면 자신도 모르게 불안한 마음이 설렘으로 바뀌는 마법을 경험하게 될 것이다. 스피치를 시작하고 나서, 신입직원들을 교육하는 일은 즐겁고 신나는 일로 바뀌었다. 선배로서 내가 가진 노하우를 하나라도 더 가르쳐 주고 싶다. 매년 실습생들이 나오거나 신입사원들이 들어오면 교육업무를 맡게 될까봐 며칠을 끙끙 앓았는데, 이제는 그저 반갑고 기쁘다. 이것 또한 나에게 일어난 큰 변화이다.

어느 날 고등학교 절친이 오랜만에 연락을 해왔다. 그 친구는 간호사 출신으로 지금은 병원을 그만두고 장기이식 코디네이터로 일을 하고 있었다. 주로 대학병원에서 뇌사자들의 장기기증

업무를 맡고 있는데, 근무 구역 중에 우리 병원이 포함이 되어 있었다. 병원에 업무 때문에 왔다가 내가 일하는 곳에 들러서 안부를 묻곤 했다.

어느 날, 이 친구는 2주 뒤 의사를 대상으로 장기이식에 대한 교육을 하게 되었는데, 교육 대상이 의사라서 더 부담되고 걱정이 된다고 했다. 친구는 자신의 분야에는 잔뼈가 굵은 베테랑이지만, 나처럼 발표하는 데 어려움을 가지고 있었다. 만약 입장 바꿔서 생각한다면 이 친구에게 제일 도움이 되는 것이 뭘까? 하고 곰곰이 생각했다.

나는 누군가 실제 교육할 때와 비슷한 곳에서 내 이야기를 들어주었으면 좋겠다는 생각이 들었다. 예전에 콘퍼런스를 앞두고 동기에게 부탁해서 내가 시강하는 것을 봐달라고 한 적이 있는데, 그때 많은 도움이 되었다. 빈 회의실로 친구를 불러서 빔프로젝트를 켜고 실제 교육을 할 때처럼 해보라고 했다. 친구는 내 예상대로 좋은 방법 같다고 하면서 15분 동안 열심히 실전과 같이 연습했다. 그렇게 연습을 몇 번 더 하고 나더니, 친구는 말하는 게 훨씬 편안해졌다고 했다.

예전에는 스피치가 나만을 위한 것이었다면 이제는 나와 비슷한 경험을 가진 다른 사람들을 도와주고 싶다. 내가 쓴 글이나 동영상을 보고 난 후 스피치를 시작해보고 싶다는 문의가 들어온다. 나는 최대한 정성을 다해 답을 해 주고 있다. 경험담도 들려

주고 트레이닝 자료를 주기도 한다. 아직 완벽하게 발표불안을 극복한 것은 아니지만 내가 이 정도로 성장하게 된 것은 스스로 느끼기에 아주 큰 성과다. 평소에는 잘하다가 한번 크게 떨게 되는 경험을 하면 그동안의 내 노력이 아무것도 아닌 게 될까봐 겁이 나기도 한다. 큰 무대에서 목소리가 떨릴까봐 손발이 떨릴까봐 걱정되기도 한다. 다른 사람은 앞에 나가서 말을 잘 못해도 "스피치강사도 아닌데 뭐 좀 떨 수도 있지. 잘 못할 수도 있지." 라고 생각할 텐데 나는 발표불안을 극복했다고 여기저기 떠들어 댔기 때문에 무대에서 발표불안이 찾아오면 "저 사람 뭐야? 극복한 거 순 거짓말이네." 할까 싶어 겁이 난다.

하지만 이런 떨림도 내가 극복해가는 과정이라고 생각하고 싶다. 이런 실패 실수를 많이 경험할수록 내 경험치는 올라가도 실수를 줄일 수 있을 것이라고 생각된다.

발표불안을 극복하는 과정에서 나는 그 누구보다 긍정적이고 열정적인 사람이 되었다. 어쩌면 발표불안은 신이 나에게 주신 커다란 선물이 아닐까? 절망에 빠졌던 사람들은 내 경험담을 들려주면 위로가 된다고 한다. 나처럼 발표불안을 겪는 사람을 만나면 나처럼 평범한 사람도 노력하니깐 극복이 되었다는 이야기를 들려주고 싶다.

이 글을 읽는 사람들도 숨어 있지 말고 당당하게 세상으로 나와서 자신의 이야기를 남들에게 해보길 바란다. 나는 결코 남들보다 용기 있는 사람도 정신력이 대단한 사람도 아니다. 그저 매일매일 조금씩 사람들 앞에 서는 연습을 했을 뿐이다. 언제나 나를 믿었고 미래의 변화된 내 모습을 그렸다. 달팽이처럼, 거북이처럼 느리지만 열심히 달려 나갔다.

중간에 그만두고 싶은 고비도 여러 차례 있었다. 하지만 끝까지 포기하지 않았다. 스피치를 하는 과정은 어느새 행복이고 즐거움이 되었다. 이제는 나에게 발표불안 고민을 털어놓는 사람들이 생겼다. 나는 사람들에게 얘기한다. 나와 같은 겁쟁이도 했으니 당신도 발표불안과 부딪혀 보라고. 나는 여전히 발표불안이라는 녀석과 매일 티격태격하며 싸우고 있다. 그리고 그토록 싫었던 스피치와 사랑에 빠지게 되었다.

Epilogue

일주일에 한번 나가는 스피치 동호회 모임은 스피치 능력 향상에 큰 도움이 된다. 이 동호회를 알게 된 것은 나의 인생에 찾아온 큰 기회였다. 모임에 참석하면서 나는 발표불안을 가진 사람들이 생각보다 아주 많다는 것을 알게 되었다. 참석자들은 너무나 평범해서 "아니, 당신이 발표불안이 있다고요?" 되묻고 싶었다.

발표불안이 있다고 얘기하기 전에는 전혀 티가 안 났다. 미세하게 목소리가 떨리는 사람부터 온몸이 심하게 떨리고 과호흡이 오는 사람까지 발표불안의 정도는 아주 다양했다. 작은 무대나 인원수가 적다고 해서 덜 떨리는 것도 아니었다. 인생의 중요한 순간마다 찾아와 나의 일을 망쳐놓는 훼방꾼이었다. 혹시 없어졌나 싶으면 어김없이 자신의 존재를 분명히 드러내곤 했다.

자신감은 근육과 같다. 연습과 훈련으로 단련될 수 있다. 말하기 또한 같은 원리이다. 긍정적인 생각과 성공경험을 여러 번 반복한다면 자신감이 높아지고 말하는 것도 역시 좀 더 수월해질 것이다.

　많은 사람들이 저지르는 실수 중에 하나가 단기간에 큰 성과를 이루려고 한다는 점이다. 이것은 욕심이라고 감히 얘기할 수 있다. 지난 숱한 시간 동안 발표불안을 극복하기 위해 노력했다. 가만히 누워서 감이 떨어지길 기대해서는 안 된다. 발표 기회가 생기면 그 기회를 내 것으로 만들 수 있는 용기를 장착해야 한다. 실패에 굴복하지 말고 도전한다면 언젠가는 발표불안은 무서운 존재가 아니라는 것을 알게 될 것이다. 지금이라도 인터넷에 발표불안에 대해 검색하고 가까운 스피치 동호회가 있다면 참석한다고 댓글을 달아보길 권한다. 우연히 참석한 모임이 나비효과가 되어 자신의 인생을 바꿔 줄 계기가 될 수도 있다. 스피치 동호회는 단 번에 실력이 확 늘지는 않지만, 꾸준히 한다면 분명 스피치 실력이 향상되는 데 큰 도움이 될 것이다.

　스피치는 누구나 쉽게 도전할 수 있다. 하지만 모든 사람이 발표불안을 고칠 수 있는 것은 아니다. 나 역시 호기롭게 도전했다가 좌절을 여러 번 맛보기도 했다. 그만둘까 하는 생각도 많이 했다. 하지만 발표불안은 피하고 미루면 영원히 벗어날 수 없다.

　지금까지 우리가 겪었던 고통스러웠던 날들을 되짚어 보자. 앞으로 계속 또 도망가기만 할 텐가? 아니면 이제 그것을 끝낼 것인가? 답은 내 안에 있다. 마음속 깊이 할 수 있다는 강한 신념을 가지고 직진하길 바란다. 그러기 위해서는 먼저 작은 일에 계속

도전해서 성공의 경험을 여러 번 반복해야 한다. 열심히 준비하고 연습한다면 당신의 발표불안은 반드시 극복 가능하다.

더 이상 스피치는 피해야 할 두려운 존재가 아니다. 자신의 상태를 파악하고 적절한 방법으로 트레이닝을 한다면 누구나 발표불안을 극복할 수 있다. 시도해 보지 않고는 자신이 얼마만큼 해낼 수 있는지 알지 못한다. 다른 건 몰라도 이것만은 확신한다. 사람은 자신이 생각하는 것보다 훨씬 더 많은 일을 해낼 수 있다는 사실이다.

발표불안을 반드시 극복하겠다는 마음으로 스피치에 도전해 보길 바란다. 그러면 언젠가 당신의 발표불안은 고쳐질 것이다.

많은 사람들이 보는 앞에서 보고를 하거나 교육을 한다는 것은 부담스럽다. 말은 누구나 하지만 말의 즐거움을 느끼는 사람은 많지 않다. 어릴 때부터 소심한 성격 탓에 남들 앞에서 말을 하려면 항상 눈앞이 깜깜해졌다. 계속되는 발표불안의 경험들은 나를 한없이 초라하게 만들곤 했다.

단상에 나서기만 하면 숨이 턱 막히고 입술이 빠짝 말랐다. 친구들의 수많은 눈동자가 나를 뒤쫓고, 어, 왜 이러지? 하는 순간 이미 상황은 걷잡을 수 없었다. 그 순간 나 혼자만 다른 세상사람 같았다. 신의 노여움을 사서 우주에서 방출된 기분이 들었다. 뭔가 일이 잘못 돌아가고 있다고 떨고 있는 건 내가 아니라고 생각했다.

이랬던 내가 완전히 달라졌다. 스피치를 시작하고 나서 말의 즐거움을 깨닫게 되었다. 스피치를 통해 나를 진정으로 사랑하는 법을 배웠고, 내가 정말로 원하는 것이 무엇인지를 알게 되었다. 비록 아나운서처럼 표준어를 구사하면서 멋들어지게 말하지는 못하지만 이제는 내가 하고 싶은 이야기를 사람들 앞에서 당당히 이야기 수 있게 되었다.

사람들 앞에서 전혀 안 떨고 이야기하는 사람은 드물다. 나에게 스피치는 우울증 치료제이고, 자존감 증진제이다. 항상 누가 발표를 시킬까봐 심장이 두근거리고 미칠 것만 같았지만 지금은 아니다.

나는 오늘도 스피치와 사랑에 빠진다. 적극적인 자세로 변화겠다는 의지를 가지고 오늘도 발표불안과 열심히 싸우고 말의 즐거움을 모두 경험해 보길 바란다.

나는 이렇게 발표불안을 탈출했다
떨지 않고 말하는 스피치 백신

지은이 유주영

발행일 2020년 7월 27일 초판 1쇄
　　　　 2022년 10월 27일 초판 2쇄

펴낸이 양근모

발행처 도서출판 청년정신 ◆ 등록 1997년 12월 26일 제 10—1531호

주　소 경기도 파주시 문발로 115 세종출판벤처타운 408호

전　화 031)955—4923 ◆ **팩스** 031)955—4928

이메일 pricker@empas.com